Les conseils et les stratégies qui s'y trouvent peuvent ne pas convenir à toutes les situations. Cet ouvrage est vendu étant entendu que ni l'auteur ni les éditeurs ne sont tenus responsables des résultats obtenus grâce aux conseils contenus dans ce livre ; ce travail est destiné à éduquer les lecteurs sur Bitcoin et n'est pas destiné à fournir des conseils d'investissement. Toutes les images sont la propriété originale de l'auteur, libres de droits comme indiqué par les sources d'images, ou utilisées avec le consentement des détenteurs de la propriété.

audepublishing.com

Copyright 2024 Éditions © Aude SARL

Tous droits réservés.

Aucune partie de cette publication ne peut être reproduite, distribuée ou transmise sous quelque forme ou par quelque moyen que ce soit, y compris la photocopie, l'enregistrement ou d'autres méthodes électroniques ou mécaniques, sans l'autorisation écrite préalable des éditeurs, sauf dans le cas de brèves citations incorporées dans des critiques et de certaines autres utilisations non commerciales autorisées par la loi sur le droit d'auteur.

Première édition de poche septembre 2021.

Imprimer ISBN 9798486794483

Introduction

Bitcoin : Answered est une tentative de démêler le réseau fragmenté d'informations autour de Bitcoin reçues par le grand public. Indépendamment des attitudes personnelles à l'égard des crypto-monnaies et du bitcoin (dont la plupart, pour ceux qui ne sont pas étudiés, sont soit trop optimistes, soit trop cyniques), la portée de la crypto-monnaie augmente à un tel rythme, et est installée dans l'écosystème financier à un tel rythme, que la compréhension de l'histoire, des concepts et de la faisabilité de base du bitcoin est beaucoup plus dommageable que de ne pas le faire. Nous espérons que vous trouverez cette information tout à fait fascinante ; Le bitcoin a été le premier d'une toute nouvelle façon de penser à l'argent et aux transactions de valeur. À la fin, vous comprendrez la portée du Bitcoin, des monnaies numériques et de la blockchain ; Beaucoup de ces systèmes, comme il convient de le noter, ne sont comparables que dans le sens le plus large du terme, et les cas d'utilisation potentiels et applicables d'une telle technologie sont tout à fait étonnants, d'autant plus que l'écosystème de la monnaie fiduciaire a peu changé depuis le retrait des monnaies de l'étalon-or il y a un demi-siècle. Penser que toutes les crypto-monnaies sont des bitcoins et que le bitcoin est une bulle marginale est tout simplement faux ; Oui, Bitcoin est loin d'être parfait, mais il y a tellement plus dans ce qui est, essentiellement, la numérisation et la décentralisation de la valeur. Ce livre aborde tous ces concepts et bien d'autres encore à travers un format simple, basé sur des questions, en commençant par « qu'est-ce que le Bitcoin ? » N'hésitez pas à parcourir selon vos connaissances, ou à lire d'un bout à l'autre ; Quoi qu'il en soit, mon espoir et celui de mon équipe est que vous quittiez ce livre avec une compréhension du Bitcoin d'un point de vue sentimental, technique, historique et conceptuel, ainsi qu'un intérêt et un désir continus d'en savoir plus. D'autres ressources se trouvent à la fin du livre.

Maintenant, nous allons de l'avant, dans la noble poursuite de la connaissance.

Profitez du livre.

Qu'est-ce que le Bitcoin ?

Le bitcoin est beaucoup de choses : un réseau informatique mondial open-source et peer-to-peer, une collection de protocoles, un or numérique, l'avant-garde d'un nouveau seau de technologie, une crypto-monnaie. Dans le physique ; Bitcoin, c'est 13 000 ordinateurs exécutant divers protocoles et algorithmes. En principe, Bitcoin est un moyen mondial de transaction facile et sécurisée ; une force de démocratisation, et un moyen de financement à la fois transparent et anonyme. À la frontière entre le physique et le conceptuel, le Bitcoin est une crypto-monnaie ; Un moyen et une réserve de valeur qui existe uniquement en ligne, sans aucune forme physique. Tout cela, cependant, revient à poser la question « qu'est-ce que l'argent ? » et à répondre « des bouts de papier ». Quelqu'un qui n'est pas familier avec Bitcoin et qui lit le paragraphe ci-dessus repartira presque certainement avec plus de questions que de réponses ; pour cette raison, la question de « qu'est-ce que Bitcoin ? » est, en substance, la question de ce livre, et grâce à une analyse de chaque partie, vous pouvez, espérons-le, parvenir à une compréhension de l'ensemble.

Qui a lancé Bitcoin ?

Satoshi Nakamoto est l'individu, ou peut-être le groupe d'individus, qui a créé Bitcoin. On ne sait pas grand-chose de ce mystérieux personnage, et son anonymat a donné naissance à d'innombrables théories du complot. Alors que Nakamoto s'est présenté comme un homme japonais de 45 ans sur le site officiel d'une fondation peer-to-peer, il utilise des expressions idiomatiques britanniques dans ses e-mails. De plus, les horodatages de son travail s'alignent mieux avec ceux d'une personne basée aux États-Unis ou au Royaume-Uni. La plupart pensent que sa disparition était planifiée (beaucoup ont lié son travail à des références bibliques) et d'autres pensent qu'une organisation gouvernementale, telle que la CIA, était liée à sa disparition. Ce ne sont là que des théories marginales ; cependant, ce qui reste un fait, c'est que le créateur de Bitcoin détient actuellement une fortune d'une valeur de plus de 70 milliards de dollars (équivalent à 1,1 million de bitcoins) et si Bitcoin augmente encore de quelques centaines de pour cent, ce milliardaire anonyme, le père de la crypto-monnaie, sera la personne la plus riche du monde.

```
                Bitcoin Genesis Block
                    Raw Hex Version

00000000  01 00 00 00 00 00 00 00  00 00 00 00 00 00 00 00  ................
00000010  00 00 00 00 00 00 00 00  00 00 00 00 00 00 00 00  ................
00000020  00 00 00 00 3B A3 ED FD  7A 7B 12 B2 7A C7 2C 3E  ....;£íýz{.²zÇ,>
00000030  67 76 8F 61 7F C8 1B C3  88 8A 51 32 3A 9F B8 AA  gv.a.È.Ã^ŠQ2:Ÿ.ª
00000040  4B 1E 5E 4A 29 AB 5F 49  FF FF 00 1D AC 2B 7C     K.^J)«_Iÿÿ...¬+|
00000050  01 01 00 00 00 01 00 00  00 00 00 00 00 00 00 00  ................
00000060  00 00 00 00 00 00 00 00  00 00 00 00 00 00 00 00  ................
00000070  00 00 00 00 00 00 FF FF  FF FF 4D 04 FF FF 00 1D  ......ÿÿÿÿM.ÿÿ..
00000080  01 04 45 54 68 65 20 54  69 6D 65 73 20 30 33 2F  ..EThe Times 03/
00000090  4A 61 6E 2F 32 30 30 39  20 43 68 61 6E 63 65 6C  Jan/2009 Chancel
000000A0  6C 6F 72 20 6F 6E 20 62  72 69 6E 6B 20 6F 66 20  lor on brink of
000000B0  73 65 63 6F 6E 64 20 62  61 69 6C 6F 75 74 20 66  second bailout f
000000C0  6F 72 20 62 61 6E 6B 73  FF FF FF FF 01 00 F2 05  or banksÿÿÿÿ..ò.
000000D0  2A 01 00 00 00 43 41 04  67 8A FD B0 FE 55 4B 27  *....CA.gŠý°þUK'
000000E0  19 67 F1 A6 71 30 B7 10  5C D6 A8 28 E0 39 09 A6  .gñ¦q0·.\Ö¨(à9.¦
000000F0  79 62 E0 EA 1F 61 DE B6  49 F6 BC 3F 4C EF 38 C4  ybàê.aÞ¶Iö¼?Lï8Ä
00000100  F3 55 04 E5 1E C1 12 DE  5C 38 4D F7 BA 0B BD 57  óU.å.Á.Þ\8M÷º.½W
00000110  8A 4C 70 2B 6B F1 1D 5F  AC 00 00 00 00           ŠLp+kñ._¬....
```
[1]

Le visuel ci-dessus représente le bloc de genèse (ce qui signifie « premier ») de Bitcoin. Le(s) fondateur(s) de Bitcoin, Satoshi Nakamoto, a saisi un message dans le code qui se lit comme suit : « The Times 03/Jan/2009 Le chancelier sur le point de bénéficier d'un deuxième renflouement pour les banques. »

---

[1] MikeG001 / CC BY-SA 4.0

À qui appartient le bitcoin ?

L'idée que le bitcoin est « possédé » n'est correcte que dans le sens le plus distribué. Environ 20 millions de personnes possèdent collectivement tous les bitcoins dans le monde, mais le bitcoin lui-même, en tant que réseau, ne peut pas être possédé.[2]

---

[2] Techniquement, 20,5 millions de personnes dans le monde détiennent au moins 1 $ en Bitcoin.

Quelle est l'histoire du Bitcoin ?

Il s'agit d'une brève histoire de la crypto-monnaie, de la blockchain et du Bitcoin.

- En 1991, une chaîne de blocs sécurisée par cryptographie a été conceptualisée pour la première fois.
- Près d'une décennie plus tard, en 2000, Stegan Knost a publié sa théorie sur les chaînes sécurisées par cryptographie, ainsi que des idées pour une mise en œuvre pratique.
- 8 ans plus tard, Satoshi Nakamoto a publié un livre blanc (un livre blanc est un rapport et un guide complets) qui a établi un modèle pour une blockchain, et en 2009, Nakamoto a mis en œuvre la première blockchain, qui a été utilisée comme registre public pour les transactions effectuées à l'aide de la crypto-monnaie qu'il a développée, appelée Bitcoin.
- Enfin, en 2014, des cas d'utilisation (les cas d'usage sont des situations spécifiques dans lesquelles un produit ou un service pourrait potentiellement être utilisé) pour la blockchain et les réseaux blockchain ont été développés en dehors de la crypto-monnaie, ouvrant ainsi les possibilités du Bitcoin au monde entier.

Combien y a-t-il de Bitcoins ?

Bitcoin a une offre maximale de 21 millions de pièces. En 2021, il y avait 18,7 millions de Bitcoins en circulation, ce qui signifie qu'il n'en reste plus que 2,3 millions à mettre en circulation. De ce nombre, 900 nouveaux bitcoins sont ajoutés à l'offre en circulation chaque jour grâce aux récompenses de minage.[3] Les récompenses de minage sont les récompenses accordées aux ordinateurs qui résolvent des équations complexes afin de traiter et de vérifier les transactions Bitcoin. Les personnes qui font fonctionner ces ordinateurs sont appelées « mineurs ». Tout le monde peut commencer à miner des bitcoins ; même un PC de base peut devenir un nœud, c'est-à-dire un ordinateur dans le réseau, et commencer à miner.

---

[3] « Combien y a-t-il de bitcoins ? Combien en reste-t-il à miner ? (2021). »
https://www.buybitcoinworldwide.com/how-many-bitcoins-are-there/.

Comment fonctionne le bitcoin ?

Le bitcoin, et pratiquement toutes les crypto-monnaies, fonctionnent grâce à la technologie Blockchain.

La blockchain, dans sa forme la plus élémentaire, peut être considérée comme le stockage de données dans des chaînes littérales de blocs. Voyons comment les blocs et les chaînes entrent en jeu.

- Chaque bloc stockera des informations numériques, telles que l'heure, la date, le montant, etc. des transactions.
- Le bloc saura quelles parties ont participé à une transaction en utilisant votre « clé numérique », qui est une chaîne de chiffres et de lettres que vous recevez lorsque vous ouvrez un portefeuille, qui contient votre crypto.
- Cependant, les blocs ne peuvent pas fonctionner seuls. Les blocs doivent être vérifiés à partir d'autres ordinateurs, c'est-à-dire de « nœuds » du réseau.
- Les autres noeuds valideront les informations d'un bloc. Une fois qu'ils ont validé les données, et si tout semble correct, le bloc et les données qu'il contient seront stockés dans le grand livre public.

- Le registre public est une base de données qui enregistre toutes les transactions approuvées jamais effectuées sur le réseau. La plupart des crypto-monnaies, y compris le Bitcoin, ont leur propre registre public.
- Chaque bloc du référentiel est lié au bloc qui l'a précédé et au bloc qui l'a suivi. Par conséquent, les maillons formés par les blocs créent un motif en forme de chaîne. Par conséquent, une blockchain est formée.

> Résumé : Le **bloc** représente l'information numérique et la **chaîne** représente la façon dont ces données sont stockées dans la base de données.

Donc, pour récapituler notre définition précédente, la blockchain est un nouveau type de base de données. Vous trouverez ci-dessous une répartition visualisée de chaque bloc du réseau.

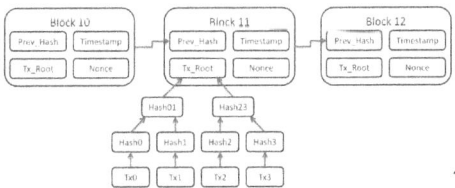

[4]

---

[4] Matthäus Wander / CC BY-SA 3.0

Qu'est-ce qu'une adresse Bitcoin ?

Une adresse, également connue sous le nom de clé publique, est un ensemble unique de chiffres et de lettres qui fonctionnent comme un code d'identification, comparable à un numéro de compte bancaire ou à une adresse e-mail (par exemple : 1BvBESEystWetqTFn3Au6u4FGg7xJaAQN5). Avec lui, vous pouvez effectuer des transactions sur la blockchain. Les adresses se connectent à une blockchain de base ; par exemple, une adresse Bitcoin se trouve sur le réseau Bitcoin et la blockchain. Les adresses ont des « logos » ronds et colorés appelés identificateurs d'adresse (ou, tout simplement, « icônes »). Ces icônes vous permettent de voir rapidement si vous saisissez ou non une adresse correcte. Chaque fois que vous envoyez ou recevez des crypto-monnaies, vous utiliserez une adresse associée. Les adresses, cependant, ne peuvent pas stocker de ressources ; Ils servent simplement d'identifiants qui pointent vers les portefeuilles.

[5]

---

[5] bitaddress.org

Qu'est-ce qu'un nœud Bitcoin ?

Un nœud est un ordinateur connecté au réseau d'une blockchain, qui aide la blockchain à écrire et à valider des blocs. Certains nœuds téléchargent un historique complet de leur blockchain ; Ceux-ci sont appelés masternodes et effectuent plus de tâches que les nœuds réguliers. De plus, les nœuds ne sont en aucun cas liés à un réseau spécifique ; Les nœuds peuvent passer à différentes blockchains pratiquement à volonté, comme c'est le cas avec le minage multipool. Collectivement, l'ensemble de la nature distribuée du bitcoin et des crypto-monnaies, ainsi que de nombreuses fonctionnalités sous-jacentes de blockchain et de sécurité, sont rendus possibles par le concept et l'utilisation d'un système mondial basé sur des nœuds.

Qu'est-ce que le support et la résistance pour Bitcoin ?

Ici, nous nous penchons sur l'analyse technique et le trading de Bitcoin : le support est le prix d'une pièce ou d'un jeton auquel cet actif est moins susceptible de tomber à l'eau, car de nombreuses personnes sont prêtes à acheter l'actif à ce prix. Souvent, si une pièce atteint des niveaux de support, elle s'inversera en une tendance haussière. C'est généralement un bon moment pour acheter la pièce, bien que si le prix tombe en dessous du niveau de support, la pièce est susceptible de chuter davantage vers un autre niveau de support. La résistance, quant à elle, est un prix qu'un actif a du mal à franchir, car de nombreuses personnes trouvent que c'est un bon prix de vente. Parfois, les niveaux de résistance peuvent être physiologiques. Par exemple, le bitcoin pourrait se heurter à une résistance à 50 000 $, car beaucoup de gens pensaient « quand le bitcoin atteindra 50 000 $, je vendrai ». Souvent, lorsqu'un niveau de résistance est franchi, le prix peut rapidement grimper. Par exemple, si le bitcoin dépasse les 50 000 $, le prix pourrait rapidement grimper à 55 000 $, auquel cas il pourrait faire face à plus de résistance, et 50 000 $ pourrait alors devenir le nouveau niveau de support.

Support And Resistance

---

[6] Basé sur une image CC BY-SA 4.0 par Akash98887
File:Support_and_resistance.png

Comment lire un graphique Bitcoin ?

C'est une grande question ; Pour y répondre, la section suivante visera à décomposer les types de graphiques les plus populaires utilisés pour lire le Bitcoin et d'autres crypto-monnaies, ainsi que la façon de lire ces graphiques.

Les graphiques constituent la base sur laquelle les prix peuvent être examinés et les modèles peuvent être trouvés. Les graphiques, à un niveau, sont simples, et à un autre, profonds et complexes. Nous allons commencer par les bases ; différents types de graphiques et leurs différentes utilisations.

Graphique linéaire

Un graphique linéaire est un graphique qui représente le prix à travers une seule ligne. La plupart des graphiques sont des graphiques linéaires parce qu'ils sont extrêmement faciles à comprendre, bien qu'ils contiennent moins d'informations que les alternatives populaires. Robinhood et Coinbase (qui ciblent tous deux leurs services vers des investisseurs moins expérimentés) ont des graphiques linéaires comme type de graphique par défaut, tandis que les institutions destinées à un public plus expérimenté, telles que

Charles Schwab et Binance, utilisent d'autres formes de graphiques par défaut.

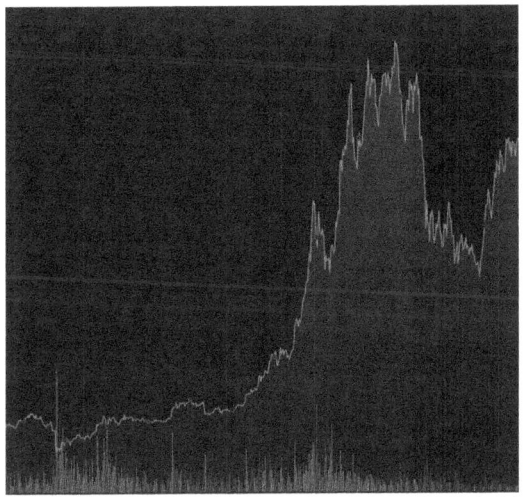

(tradingview.com) Graphique linéaire

Graphique en chandelier

Les graphiques en chandeliers sont une forme beaucoup plus utile d'affichage d'informations sur une pièce de monnaie ; Ces graphiques sont le graphique de choix pour la plupart des investisseurs. Au cours d'une période donnée, les graphiques en chandeliers ont un large « corps réel » et sont le plus souvent représentés en rouge ou en vert (un autre schéma de couleurs courant est vide/blanc et rempli/corps réels noirs). S'il est rouge (rempli), la clôture était inférieure à l'ouverture (ce qui signifie qu'elle a baissé). Si le corps réel est vert (vide), la clôture était plus élevée que l'ouverture (ce qui signifie qu'il a augmenté). Au-dessus et au-dessous des corps réels se trouvent les « mèches », également connues sous le nom d'"ombres ». Les mèches indiquent les prix hauts et bas des transactions de la période. Donc, en combinant ce que nous savons, si la mèche supérieure (c'est-à-dire l'ombre supérieure) est proche du corps réel, plus la pièce ou le jeton atteint au cours de la journée est proche du prix de clôture. Par conséquent, l'inverse s'applique également. Vous aurez besoin d'avoir une solide compréhension des graphiques en chandeliers, je vous suggère donc de visiter un site tel que tradingview.com pour vous mettre à l'aise.

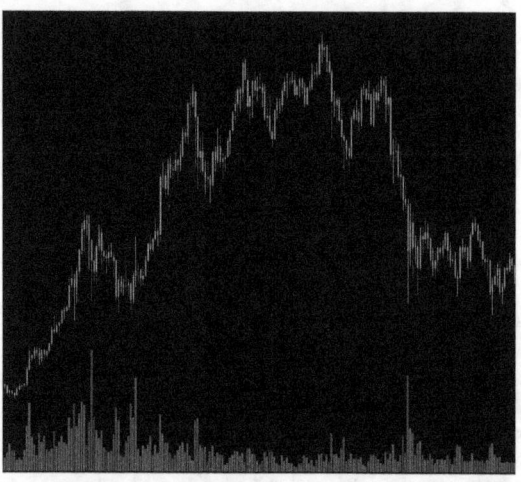

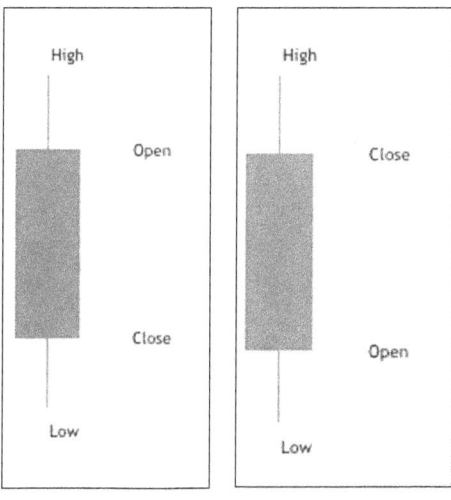

(tradingview.com) Figure 11: Bearish Candle[xi]

Graphique Renko

Les graphiques Renko ne montrent que le mouvement des prix et ignorent le temps et le volume. Renko vient du terme japonais « renga », qui signifie « briques ». Les graphiques Renko utilisent des briques (également appelées boîtes), généralement rouges/vertes ou blanches/noires. Les boîtes Renko ne se forment que dans le coin supérieur ou inférieur droit de la case suivante, et la boîte suivante ne peut se former que si le prix passe en haut ou en bas de la case précédente. Par exemple, si le montant prédéfini est « 1 $ » (considérez-le comme similaire aux intervalles de temps sur les graphiques en chandeliers), la case suivante ne peut se former qu'une fois qu'elle passe 1 $ au-dessus ou 1 $ en dessous du prix de la case précédente. Ces graphiques simplifient et « lissent » les tendances en modèles faciles à comprendre tout en supprimant l'action aléatoire des prix. Cela peut faciliter la réalisation d'analyses techniques, car des modèles tels que les niveaux de support et de résistance sont affichés de manière beaucoup plus flagrante.

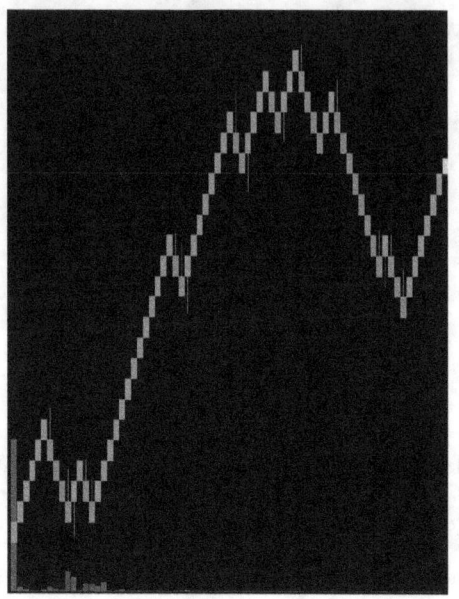

Graphique de points et de figures

Bien que les graphiques à points et à figures (P&F) ne soient pas aussi connus que les autres de cette liste, ils ont une longue histoire et la réputation d'être l'un des graphiques les plus simples utilisés pour identifier les bons points d'entrée et de sortie. Comme les graphiques Renko, les graphiques P&F ne tiennent pas directement compte du passage du temps. Au lieu de cela, les X et les O sont empilés en colonnes ; chaque lettre représente un mouvement de prix choisi (tout comme les blocs dans les graphiques Renko). Les X représentent un prix en hausse et les O représentent un prix en baisse. Regardez cette séquence :

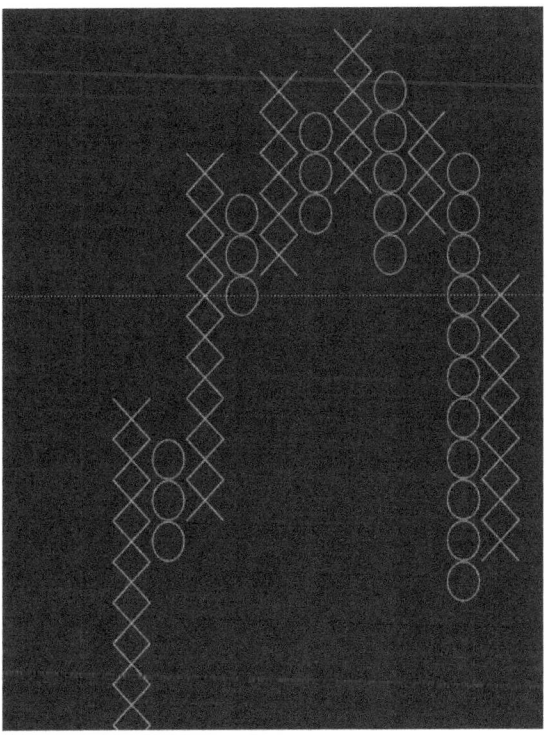

Disons que le mouvement de prix choisi est de 10 $. Il faut commencer en bas à gauche : les 3 X indiquent que le prix a augmenté de 30 $, les 2 O signifient une baisse de 20 $, puis les 2 derniers X représentent une hausse de 20 $. Le temps n'a pas d'importance.

Graphique de Heiken-Ashi

Les cartes Heikin-Ashi (hik-in-aw-she) sont une version plus simple et lissée des cartes en chandeliers. Ils fonctionnent presque de la même manière que les graphiques en chandeliers (bougies, mèches, ombres, etc.), sauf que les graphiques HA lissent les données de prix sur deux périodes au lieu d'une. Ceci, essentiellement, rend Heikin-Ashi préférable à de nombreux traders par rapport aux graphiques en chandeliers, car les modèles et les tendances peuvent être plus facilement repérés, et les faux signaux (petits mouvements dénués de sens) sont, en grande partie, omis. Cela dit, l'apparence plus simple obscurcit certaines données relatives aux chandeliers, ce qui explique en partie pourquoi Heikin-Ashis n'a pas encore remplacé les chandeliers. Je vous suggère donc d'expérimenter avec les deux types de graphiques et de déterminer ce qui correspond le mieux à votre style et à votre capacité à discerner les tendances.

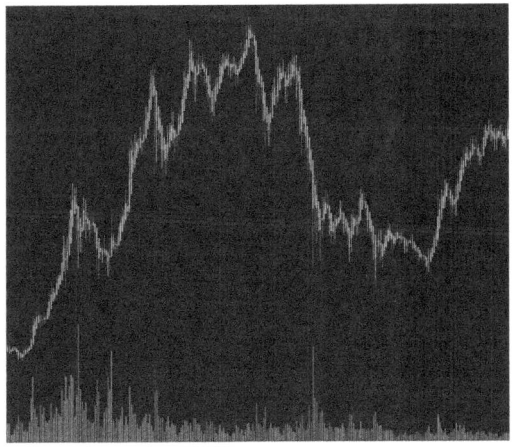

R : Notez que les tendances sur le graphique Heikin-Ashi sont plus lisses et plus discernables que sur le graphique en chandeliers.

Ressources cartographiques

TradingView (en anglais seulement)

tradingview.com (meilleur dans l'ensemble, meilleur réseau social)

CoinMarketCap (en anglais seulement)

coinmarketcap.com (simple, facile)

CryptoWatch (en anglais seulement)

cryptowat.ch (très établi, idéal pour les bots)

CryptoView (en anglais seulement)

cryptoview.com (très personnalisable)

Classifications des modèles de graphiques

Les modèles de graphiques sont classés pour comprendre rapidement le rôle et l'objectif. Voici quelques-unes de ces classifications :

Haussier

Tous les modèles haussiers sont susceptibles d'aboutir à un résultat favorable à la hausse, ainsi, par exemple, un modèle haussier peut entraîner une tendance haussière de 10 %.

Baissier

Toutes les configurations baissières sont susceptibles d'entraîner un résultat favorable à la baisse, ainsi, par exemple, une configuration baissière peut entraîner une tendance baissière de 10 %.

Bougeoir

Les modèles de chandeliers s'appliquent spécifiquement aux graphiques en chandeliers, et non à tous les graphiques. En effet, les modèles de chandeliers reposent sur des informations qui ne peuvent apparaître que dans un format de bougie (corps et mèche).

Nombre de barres/bougies

Le nombre de barres ou de bougies dans un motif n'est généralement pas supérieur à trois.

Continuation

Les modèles de continuation indiquent que la tendance antérieure à la tendance est plus susceptible de se poursuivre. Ainsi, par exemple, si le modèle de continuation X se forme au sommet d'une tendance haussière, alors la tendance haussière est susceptible de se poursuivre.

Breakout

Une cassure est un mouvement au-dessus de la résistance ou en dessous du support. Les modèles de cassure indiquent qu'un tel mouvement est probable. La direction de cette cassure est spécifique au modèle.

Renversement

Un renversement est un changement de direction du prix. Un modèle de retournement indique que la direction du prix est susceptible de changer (ainsi, une tendance haussière deviendrait une tendance baissière, et une tendance baissière deviendrait une tendance haussière).

Quels types de portefeuilles Bitcoin existe-t-il ?

Il existe plusieurs catégories distinctes de portefeuilles qui diffèrent par leur sécurité, leur facilité d'utilisation et leur accessibilité :

1. *Portefeuille en papier.* Un portefeuille papier définit le stockage d'informations privées (clés publiques, clés privées et phrases de récupération) sur, comme son nom l'indique, du papier. Cela fonctionne car n'importe quelle paire de clés publique et privée peut former un portefeuille ; Aucune interface en ligne n'est nécessaire. Le stockage physique des informations numériques est considéré comme plus sûr que toute autre forme de stockage en ligne, tout simplement parce que la sécurité en ligne est confrontée à un large éventail de menaces de sécurité potentielles, tandis que les actifs physiques sont confrontés à peu de menaces d'intrusion s'ils sont gérés correctement. Pour créer un portefeuille papier Bitcoin, n'importe qui peut se rendre sur bitaddress.org pour générer une adresse publique et une clé privée, puis imprimer les informations. Les codes QR et les chaînes de clés peuvent être utilisés pour faciliter les transactions. Cependant,

compte tenu des défis auxquels sont confrontés les détenteurs de portefeuilles papier (dégâts des eaux, perte accidentelle, obscurité) par rapport aux options en ligne ultra-sécurisées, les portefeuilles papier ne sont plus recommandés pour la gestion de portefeuilles importants en cryptomonnaies.

2. *Portefeuille chaud/portefeuille froid.* Un portefeuille chaud fait référence à un portefeuille connecté à Internet, tandis que le stockage à froid fait référence à un portefeuille qui n'est pas connecté à Internet. Les portefeuilles chauds permettent au propriétaire du compte d'envoyer et de recevoir des tokens ; Cependant, le stockage à froid est plus sûr que le stockage à chaud et offre de nombreux avantages des portefeuilles papier sans autant de risques. La plupart des plateformes d'échange permettent aux utilisateurs de transférer des avoirs de portefeuilles chauds (ce qui est le cas par défaut) vers des portefeuilles froids en appuyant sur quelques boutons (Coinbase fait référence au stockage froid/hors ligne comme un « coffre-fort »). Pour retirer des avoirs de l'entreposage frigorifique, il faut quelques jours, ce qui nous ramène à la dynamique d'accessibilité par rapport à la sécurité de l'entreposage à chaud et de l'entreposage à froid. Si vous souhaitez détenir un crypto-actif à long terme, le

stockage à froid au sein de votre plateforme d'échange est la solution. Si vous envisagez de négocier activement ou de vous engager dans la négociation de holdings, l'entreposage frigorifique n'est pas une option réalisable.

3. *Portefeuille matériel.* Les portefeuilles matériels sont des appareils physiques sécurisés qui stockent votre clé privée. Cette option permet de combiner un certain degré d'accessibilité en ligne (puisque les portefeuilles matériels permettent d'accéder très facilement aux avoirs) avec un moyen de stockage qui n'est pas connecté à Internet et qui est donc plus sûr. Certains portefeuilles matériels populaires, tels que Ledger (ledger.com), proposent même des applications qui fonctionnent à l'unisson avec les portefeuilles matériels sans compromettre la sécurité. Dans l'ensemble, les portefeuilles matériels sont une excellente option pour les détenteurs sérieux et à long terme, bien que la sécurité physique doive être prise en compte ; Ces portefeuilles, ainsi que les portefeuilles papier, sont mieux stockés dans des banques ou des solutions de stockage haut de gamme.

Le minage de bitcoins est-il rentable ?

C'est tout à fait possible. Le retour sur investissement annuel moyen pour la location de mineurs de bitcoins varie d'un chiffre élevé à un faible à deux chiffres, tandis que le retour sur investissement du minage de bitcoins autogéré varie à deux chiffres (pour mettre un chiffre, on peut s'attendre à 20 % à 150 % par an, tandis que 40 % à 80 % est normal). Quoi qu'il en soit, ce rendement bat les rendements historiques du marché boursier et de l'immobilier de 10 %. Cependant, le minage de bitcoins est volatil et coûteux, et une série de facteurs influencent les rendements de chaque individu. Dans la question suivante, nous examinerons les facteurs de rentabilité du minage de bitcoins, qui fournissent un bien meilleur aperçu des rendements estimés, ainsi que des raisons pour lesquelles certains mois et certains mineurs fonctionnent exceptionnellement bien, et d'autres non.

Qu'est-ce qui influence la rentabilité du minage de bitcoins ?

Les variables suivantes sont essentielles pour déterminer la rentabilité potentielle du minage de bitcoins :

Prix de la crypto-monnaie. Le principal facteur d'influence est le prix de l'actif de crypto-monnaie donné. Une augmentation de 2 fois du prix du bitcoin entraîne 2 fois le bénéfice de minage (car la quantité de bitcoins gagnée reste la même, tandis que la valeur équivalente change), tandis qu'une baisse de 50 % entraîne la moitié des bénéfices. Compte tenu de la nature volatile des crypto-monnaies et en particulier de celle du Bitcoin, le prix doit être pris en compte. En général, cependant, si vous croyez au bitcoin et aux crypto-monnaies à long terme, les changements de prix ne devraient pas vous affecter, car vous vous concentrerez sur la constitution d'actions à long terme, qui ne peuvent changer qu'en fonction des autres facteurs de cette liste.

Taux de hachage et difficulté. Le taux de hachage est la vitesse à laquelle les équations sont résolues et les blocs sont trouvés. Le taux de hachage pour les mineurs équivaut à peu près aux gains, et plus de mineurs entrent dans le système (augmentant ainsi le taux de hachage du réseau et la « difficulté » de minage associée, qui est une mesure qui décrit à quel point il est difficile de miner des blocs) dilue la part de hachage par mineur et donc la rentabilité. De cette façon, la concurrence fait baisser les profits grâce à la difficulté et au taux de hachage.

Prix de l'électricité. Au fur et à mesure que le processus d'extraction devient plus difficile, les besoins en électricité augmentent également. Le prix de l'électricité peut devenir un acteur majeur de la rentabilité.

Moitié. Tous les 4 ans, les récompenses de bloc programmées en Bitcoin diminuent de moitié pour réduire progressivement l'afflux et l'offre totale de pièces. Actuellement (depuis le 13 mai 2020 et jusqu'en 2024), les récompenses des mineurs sont de 6,25 bitcoins par bloc. Cependant, en 2024, les récompenses de bloc tomberont à 3,125 bitcoins par bloc, et ainsi de suite. De cette manière, les récompenses de minage à long terme doivent diminuer, à moins que la valeur de chaque pièce n'augmente autant ou plus que la diminution des récompenses de bloc.

Coût du matériel. Bien sûr, le prix réel du matériel nécessaire pour miner des bitcoins joue un rôle important dans les bénéfices et le retour sur investissement. Le minage peut être mis en place facilement sur des PC normaux (si vous en avez un, consultez nicehash.com) ; Cela dit, la mise en place de plates-formes complètes implique le coût des cartes mères, des processeurs, des cartes graphiques, des GPU, de la RAM, des ASIC, etc. La solution de facilité consiste simplement à acheter des plates-formes préfabriquées, mais cela implique de payer une prime. Fabriquer le vôtre permet d'économiser de l'argent, mais nécessite également des connaissances techniques ; En général, les options de bricolage coûtent au moins 3 000 $, mais généralement plus près de 10 000 $. Tous ces facteurs matériels doivent être pris en compte pour faire une estimation décente du rendement potentiel dans l'environnement en évolution rapide du minage de bitcoins et de crypto-monnaies.

Pour conclure cette question, les variables influençant la rentabilité minière sont nombreuses et sujettes à des changements rapides, et les gains potentiels sont biaisés en faveur des grandes exploitations ayant accès à de l'électricité bon marché. Cela dit, le minage de crypto-monnaies est certainement toujours très rentable, et les rendements (à l'exclusion de la possibilité d'un effondrement à l'échelle du marché) ont été et resteront probablement, pendant un certain temps, bien supérieurs aux rendements attendus du marché boursier ou aux rendements normaux de la plupart des autres classes d'actifs.

Existe-t-il des Bitcoins réels et physiques ?

Il n'y a pas, et il n'y aura probablement jamais, de Bitcoin physique ; Ce n'est pas pour rien qu'on l'appelle une « monnaie numérique ». Cela dit, l'accessibilité de Bitcoin augmentera au fil du temps grâce à de meilleurs échanges, des guichets automatiques Bitcoin, des cartes de débit et de crédit Bitcoin et d'autres services. Espérons qu'un jour, le bitcoin et d'autres crypto-monnaies seront aussi faciles à utiliser que les monnaies physiques.

Le bitcoin est-il sans friction ?

Un marché sans friction est un environnement commercial idéal dans lequel il n'y a pas de coûts ou de restrictions sur les transactions. Le marché du Bitcoin (composé de paires), bien qu'il soit sur la voie de la friction (en particulier en ce qui concerne le transfert d'argent mondial), est loin d'être vraiment là.

HTTPS://LibertyTreeCS.New YorkPet.org/2016/03/Is-Bitcoin-Really-Frictionless/

Bitcoin utilise-t-il des phrases mnémoniques ?

Une phrase mnémotechnique est un terme équivalent à une phrase de départ ; Les deux représentent des séquences de 12 à 24 mots qui identifient et représentent les portefeuilles. Considérez-le comme un mot de passe de secours ; Avec lui, vous ne pouvez jamais perdre l'accès à votre compte. D'un autre côté, si vous l'oubliez, il n'y a aucun moyen de le réinitialiser ou de le récupérer et toute autre personne qui le possède a accès à votre portefeuille. Tous les portefeuilles dans lesquels vous pouvez détenir des bitcoins utilisent des phrases mnémotechniques ; Vous devez toujours conserver ces phrases dans un endroit sûr et privé ; Sur papier, c'est mieux, mieux que ce soit sur papier dans un coffre-fort ou un coffre-fort.

Your Seed Phrase

Your Seed Phrase is used to generate and recover your account.

1. issue	2. flame	3. sample
4. lyrics	5. find	6. vault
7. announce	8. banner	9. cute
10. damage	11. civil	12. goat

Please save these 12 words on a piece of paper. The order is important. This seed will allow you to recover your account.

---

[7] Licence FlippyFlink / CC BY-SA 4.0

Pouvez-vous récupérer vos bitcoins si vous les envoyez à la mauvaise adresse ?

Une adresse de remboursement est une adresse de portefeuille qui peut servir de sauvegarde en cas d'échec de la transaction. Si un tel événement se produit, une rétrofacturation est donnée à l'adresse de remboursement spécifiée. Si vous devez fournir une adresse de remboursement, assurez-vous qu'elle est correcte et que vous pouvez recevoir le jeton que vous envoyez.

File:Creating-Atala_PRISM-crypto_wallet-seed_phrase.png

Le bitcoin est-il sécurisé ?

Bitcoin, régi par un système sous-jacent de réseau blockchain, est l'un des systèmes les plus sécurisés au monde pour les raisons suivantes :

1. *Le bitcoin est public.* Bitcoin, comme de nombreuses crypto-monnaies, dispose d'un registre public qui enregistre toutes les transactions. Étant donné qu'aucune information privée ne doit être fournie pour posséder et échanger des bitcoins et que toutes les informations de transaction sont publiques sur la blockchain, les intrus n'ont rien à pirater ou à voler ; la seule alternative au piratage et au profit du réseau Bitcoin (à l'exclusion des points de défaillance humains, tels que les attaques d'échange et les mots de passe perdus ; nous nous concentrons sur Bitcoin lui-même) est une attaque à 51 %, ce qui, à l'échelle de Bitcoin, est pratiquement impossible. Le fait d'être « public » est également lié au fait que Bitcoin n'a pas d'autorisation ; Personne ne le contrôle, et donc aucun point de vue subjectif ou singulier ne peut affecter l'ensemble du réseau (sans le consentement de tous les autres membres du réseau).

2. *Bitcoin est décentralisé.* Bitcoin fonctionne actuellement via 10 000 nœuds, qui servent tous collectivement à valider les

transactions.[8] Étant donné que l'ensemble du réseau valide les transactions, il n'y a aucun moyen de modifier ou de contrôler les transactions (à moins, encore une fois, que 51 % du réseau ne soit contrôlé). Une telle attaque, comme nous l'avons mentionné, est pratiquement impossible ; au prix actuel du Bitcoin, un attaquant devrait dépenser des dizaines de millions de dollars par jour et contrôler un volume de ressources de calcul qui n'est tout simplement pas disponible.[9] Par conséquent, la nature décentralisée de la validation des données rend Bitcoin extrêmement sûr.

3. *Le bitcoin est irréversible.* Une fois que les transactions dans le réseau sont confirmées, il n'est pas possible de les modifier puisque chaque bloc (un bloc est un lot de nouvelles transactions) est connecté à des blocs de part et d'autre de celui-ci, formant ainsi une chaîne interconnectée. Une fois écrits, les blocs ne peuvent pas être modifiés. Ces deux facteurs, combinés, empêchent l'altération des données et assurent une plus grande sécurité.

---

[8] « Bitnodes : Distribution mondiale des nœuds Bitcoin. » https://bitnodes.io/. Consulté le 30 août 2021.

[9] « Vous auriez besoin de 21 millions de dollars pour attaquer Bitcoin pendant une journée - Décrypter. » 31 janv. 2020, https://decrypt.co/18012/you-would-need-21-million-to-attack-bitcoin-for-a-day. Consulté le 30 août 2021.

4. *Bitcoin utilise le processus de hachage.* Un hachage est une fonction qui convertit une valeur en une autre ; un hachage dans le monde de la cryptographie convertit une entrée de lettres et de chiffres (une chaîne) en une sortie cryptée d'une taille fixe. Les hachages aident au chiffrement, car la « résolution » de chaque hachage nécessite de travailler à rebours pour résoudre un problème mathématique extrêmement complexe ; Par conséquent, la capacité à résoudre ces équations est purement basée sur la puissance de calcul. Le hachage présente les avantages suivants : les données sont compressées, les valeurs de hachage peuvent être comparées (par opposition à la comparaison des données dans leur forme originale) et les fonctions de hachage sont l'un des moyens de transmission de données les plus sûrs et les plus résistants aux violations (en particulier à grande échelle).

Le bitcoin va-t-il s'épuiser ?

Cela dépend de ce que vous entendez par « épuisement ». La quantité de bitcoins ajoutée au réseau chaque année s'épuisera invariablement. Cependant, à ce moment-là, différents mécanismes d'approvisionnement (par opposition au bitcoin étant la récompense du minage) prendront le relais et les affaires se poursuivront normalement. En ce sens, le bitcoin ne devrait jamais s'épuiser.

Quel est l'intérêt du Bitcoin ?

La valeur principale du bitcoin provient des applications suivantes : en tant que réserve de valeur et moyen de transactions privées, mondiales et sécurisées. C'est, en substance, le but de Bitcoin ; Un objectif qui a été atteint avec succès compte tenu de ses rendements historiques et des quelque 300 000 transactions quotidiennes.

Comment expliqueriez-vous le Bitcoin à un enfant de 5 ans ?

Le bitcoin est une monnaie informatique que les gens peuvent utiliser pour acheter et vendre des choses ou pour gagner plus d'argent. Bitcoin fonctionne grâce à la blockchain. La blockchain est un outil qui permet à de nombreuses personnes différentes de transmettre en toute sécurité des informations précieuses ou de l'argent sans avoir besoin que quelqu'un d'autre le fasse pour elles.

Bitcoin est-il une entreprise ?

Bitcoin n'est pas une entreprise. Il s'agit d'un réseau d'ordinateurs exécutant des algorithmes. Cependant, compte tenu de la progression des logiciels et du matériel au fil du temps et pour éviter l'archaïsme du Bitcoin, un système de vote a été mis en place dans le réseau lors de sa création pour permettre des mises à jour du code et des algorithmes. Le système de vote est entièrement open-source et basé sur le consensus, ce qui signifie que les mises à jour du système proposées par les développeurs et les bénévoles doivent faire l'objet d'un examen rigoureux de la part des autres parties intéressées (car une erreur dans une mise à jour ferait perdre des millions d'argent aux parties intéressées), et la mise à jour ne passera que si un consensus de masse est atteint. La Fondation Bitcoin (bitcoinfoundation.org) emploie plusieurs développeurs à temps plein qui travaillent à établir une feuille de route pour Bitcoin et à développer des mises à jour. Encore une fois, cependant, toute personne ayant quelque chose à apporter peut le faire, et aucune entreprise ou organisation réelle ne s'applique. De plus, les utilisateurs ne sont pas obligés de mettre à jour si un changement de règle est appliqué. Ils peuvent s'en tenir à la version qu'ils veulent. Les idées qui sous-tendent ce système sont tout à fait merveilleuses ; L'idée d'un réseau indépendant, open source et basé sur le consensus a des applications dans bien d'autres domaines que celui de Bitcoin.

Le bitcoin est-il une arnaque ?

Bitcoin, par définition, n'est pas une arnaque. Il s'agit d'un instrument financier créé par une équipe d'ingénieurs établis. Il vaut des trillions, inviolable, et le fondateur n'a vendu aucun avoir.[10] Cela dit, le bitcoin est certainement manipulable et très volatil. De nombreuses autres crypto-monnaies sur le marché, contrairement au Bitcoin, sont une arnaque. Alors, faites vos recherches, investissez dans des pièces établies avec des équipes réputées et faites preuve de bon sens.

---

[10] Alors que Satoshi Nakamoto vaut des dizaines de milliards grâce au Bitcoin, il n'en a pas vendu (dans son portefeuille connu). Couplé à son anonymat, le fondateur de Bitcoin n'a probablement pas réalisé de profit majeur grâce à la monnaie, du moins par rapport aux dizaines ou centaines de milliards qu'il possède.

Le bitcoin peut-il être piraté ?

Bitcoin lui-même est impossible à pirater car l'ensemble du réseau est constamment examiné par de nombreux nœuds (ordinateurs) au sein du réseau, et donc tout attaquant ne peut vraiment pirater le système que s'il contrôle 51% ou plus de la puissance de calcul du réseau (puisque le contrôle majoritaire peut être utilisé pour valider n'importe quoi, qu'il soit correct ou non). Compte tenu de la puissance de minage de Bitcoin, c'est essentiellement impossible. Cependant, le point faible de la sécurité des crypto-monnaies sont les portefeuilles des utilisateurs ; Les portefeuilles et les plateformes d'échange sont beaucoup plus faciles à pirater. Ainsi, bien que Bitcoin soit impossible à pirater, votre Bitcoin peut être piraté par la faute d'une plateforme d'échange, ainsi que par un mot de passe faible ou accidentellement partagé. En règle générale, si vous vous en tenez aux échanges établis et conservez un mot de passe privé et sécurisé, vos chances d'être piraté sont pratiquement nulles.

Qui assure le suivi des transactions Bitcoin ?

Chaque nœud (ordinateur) du réseau Bitcoin conserve une copie complète de toutes les transactions Bitcoin. Les informations sont utilisées pour valider les transactions et assurer la sécurité. De plus, toutes les transactions Bitcoin sont publiques et consultables via le registre Bitcoin ; Vous pouvez le voir par vous-même en cliquant sur le lien suivant :

https://www.blockchain.com/btc/unconfirmed-transactions

Tout le monde peut-il acheter et vendre des bitcoins ?

Étant donné que Bitcoin est décentralisé, n'importe qui peut acheter et vendre, quels que soient les facteurs externes ou l'identité. Cela dit, de nombreux pays exigent que les crypto-monnaies ne soient échangées que par le biais d'échanges centralisés (à des fins fiscales et de sécurité), ce qui nécessite des mandats KYC de base, tels que l'identité, le SSN, etc. De telles lois empêchent certaines personnes d'investir dans les crypto-monnaies et les échanges centralisés se réservent le droit de fermer des comptes pour quelque raison que ce soit.

Le bitcoin est-il anonyme ?

Comme mentionné dans la question ci-dessus, le système inné qui régit Bitcoin permet un anonymat personnel complet ; Tout ce qui doit être partagé pour une transaction réussie est une adresse de portefeuille. Cependant, les mandats gouvernementaux ont rendu illégal dans de nombreux pays (le principal exemple étant les États-Unis) de négocier sur des bourses décentralisées. Par conséquent, les échanges centralisés interdisent l'anonymat légal lors du trading de crypto-monnaies.

Les règles du Bitcoin peuvent-elles changer ?

Étant donné que Bitcoin est décentralisé, le système ne peut pas se changer lui-même. Cependant, les règles du réseau peuvent être modifiées par le consensus des détenteurs de Bitcoin. Aujourd'hui, les projets open source mettent à jour Bitcoin si des mises à jour sont nécessaires, et ne le font que si les modifications sont acceptées par la communauté Bitcoin.

Faut-il capitaliser le bitcoin ?

Le bitcoin en tant que réseau doit être capitalisé. Le bitcoin en tant qu'unité ne doit pas être capitalisé. Par exemple, « après avoir entendu parler de l'idée de Bitcoin, j'ai acheté 10 bitcoins ».

Qu'est-ce qu'un protocole Bitcoin ?

Un protocole est un système ou une procédure qui contrôle la façon dont quelque chose doit être fait. Au sein de la crypto-monnaie et du Bitcoin, les protocoles sont la couche de code qui régit. Par exemple, un protocole de sécurité détermine comment la sécurité doit être assurée, un protocole blockchain régit le fonctionnement et le fonctionnement de la blockchain, et un protocole Bitcoin contrôle le fonctionnement de Bitcoin.

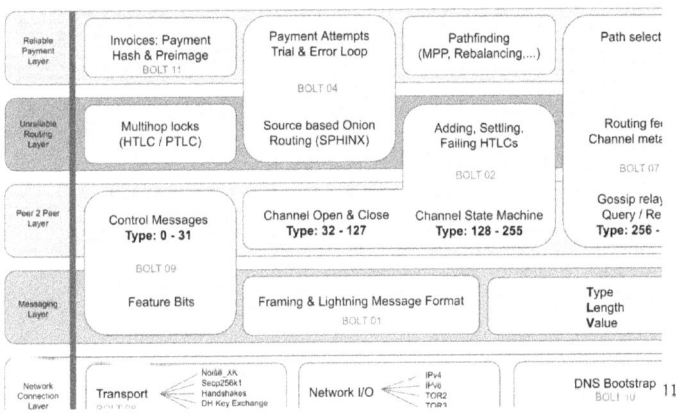

*Il s'agit d'un exemple de protocole, vu à travers le prisme du Lightning Network, qui est un protocole de paiement de couche 2 conçu pour fonctionner sur des pièces telles que Bitcoin et Litecoin

---

[11] Renepick / CC BY-SA 4.0
File:Lightning_Network_Protocol_Suite.png

afin de permettre des transactions plus rapides et donc de résoudre les problèmes d'évolutivité.

Qu'est-ce que le registre de Bitcoin ?

Le registre de Bitcoin, et tous les registres de la blockchain, stockent des données sur toutes les transactions financières effectuées sur la blockchain donnée. Les crypto-monnaies utilisent des registres publics, ce qui signifie que le grand livre utilisé pour enregistrer toutes les transactions est accessible au public. Vous pouvez voir le registre public de Bitcoin à blockchain.com/explorer.

Hash	Time	Amount (BTC)	Amount (USD)
e3bc0fb2e5f235094f3825ab722ca4dda006c3528db146601ze13959848a3ec	12:22	3.40547680 BTC	$170,416.94
80c2a1ab9cc9fc6410B2e7076402163188Bbeb189428840adf169fb2fb150715	12:22	0.52264473 BTC	$26,164.21
f377ab99dd0b1b77e0701dd7d8be6e7953a1905406b245fcafe15434124a0e9d	12:22	0.03063826 BTC	$1,533.20
e5e5a9678e64b4bb60cea67ae13aee769ef97217adb64247a2acd16e67245e9a	12:22	0.00151322 BTC	$75.72
5f3bce4212f05ed0daad7be40a97e1b4e6fa3456c7d9926a0b1a527ab7a1f33e	12:22	0.84369401 BTC	$42,220.15
37e1af8509r2b095549c3f865e2ded3c0a29f47d5847c64e15cf4b8ce9992611	12:22	0.00153592 BTC	$76.86
ee7c813c7da6c25125a65390382adb74a03d2efafdf730b0cc2767a8840e1754	12:22	0.00210841 BTC	$105.51
d2259d96d07ba2723259ec55e7131e3a4822ce6a14c37eb61caad9992f3873c1	12:22	0.00251375 BTC	$125.79
ef7a7a5198ec4bdbcce9315e75c13acaf19f44c7d404f24f04952aa2a0ae0d72f	12:22	1.60242873 BTC	$80,188.77
7f6fa2f64999a07e0ja344ae29ddb3428268a1a9cddfcb61ff95e109b83bc0b1fl	12:22	0.00022207 BTC	$11.11
ac9afaf19a843a1g465a6d2cfcb3185ad91bb6743f6a4b67b36331a0e78cff859d60	12:22	0.00006000 BTC	$3.00
4dce5a66c10641314ff04a30dcad2091855803c450accdf01f17240160f9be24	12:22	0.00761070 BTC	$380.85
7e31ba868ad845a834819ed19c11d0302514ca4386fba1699ca73fb82ea4825e	12:22	0.00070666 BTC	$35.36
9fe5a4e17766c414078c8d2dc8cd48efa6f909901c81e81e73a1a874c2beef	12:22	0.00061769 BTC	$30.92
b4dcd5555be5202c1e5ifa69e5630Be65904bf7da99Bj936a62b256aac29B0fb	12:22	0.07876440 BTC	$3,941.53
a8f25dce5ca3964bd56fb85a52e6a23b045977306f0829c386fb9aba129391a	12:22	1.41705545 BTC	$70,912.32
06053B6eb09b4beadfb22294dd6c2fcdf577a7b56a9296f1afb66fcba1add09b063	12:22	0.30358853 BTC	$15,192.18
e0fb0bcdB7c22b2e11ef7eb3852a7a6a5fbca0907d0a65199f6d9e27b34caea	12:22	0.00712360 BTC	$356.48
f60389c978d4f6bb632047bd5efecb046af0e09a3c7b2035e5a2e0a852445	12:22	0.00029789 BTC	$14.91
a820e10a7a4538e4cd410f1f9fb213408174f999fe2d24554cb388e7befbfb1	12:22	0.79890506 BTC	$39,878.74
cbdc6e10699d4a243aad5c0b8c40d014d4a33a6e09e8acd3fbcaffc9aba36c2	12:22	0.54677419 BTC	$27,361.68

*Une vue en direct du registre public Bitcoin depuis blockchain.com

Quel type de réseau est Bitcoin ?

Bitcoin est un réseau P2P (peer-to-peer). Un réseau peer-to-peer implique que de nombreux ordinateurs travaillent les uns avec les autres pour accomplir des tâches. Les réseaux peer-to-peer ne nécessitent pas d'autorité centrale et font partie intégrante des réseaux blockchain et des crypto-monnaies.

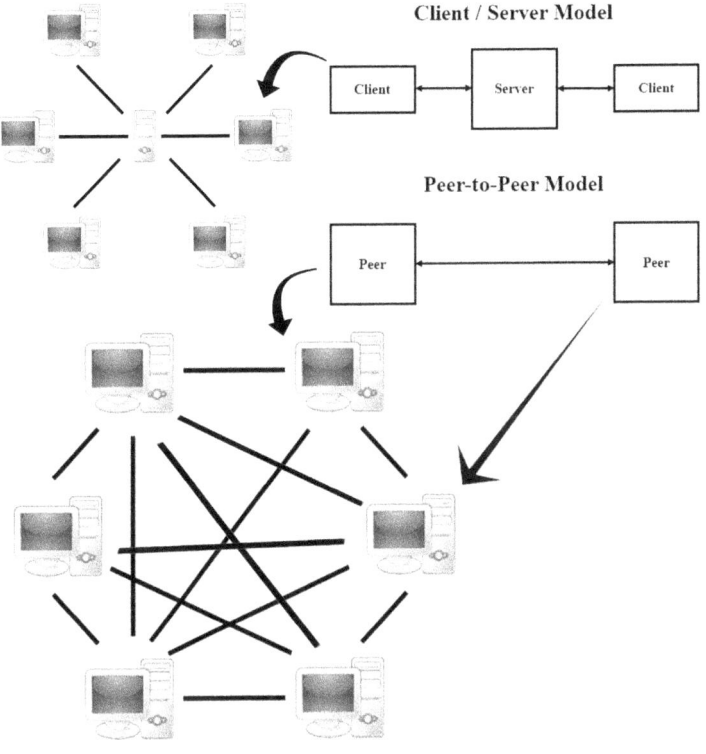

[12] Créé par l'auteur ; D'après des images provenant des sources suivantes :
Mauro Bieg / GNU GPL / File:Server-based-network.svg
Ludovic Ferré / PDM / File:P2P-network.svg
Michel Banki / CC BY-SA 4.0 / File:Client-server_Vs_peer-to-peer_-_en.png

Le bitcoin peut-il encore être la première crypto-monnaie lorsqu'il atteindra l'offre maximale ?

L'offre de Bitcoin s'épuisera en effet, mais elle le fera en l'an 2140. À ce moment-là, les 21 millions de BTC seront dans le réseau, et un autre système d'incitation ou d'approvisionnement doit être mis en œuvre pour la survie continue du réseau. Cependant, deviner si Bitoin sera la première crypto-monnaie en 2140, c'est comme demander en 1900 à quoi ressemblerait 2020 ; La différence technologique est presque impossible et l'environnement technologique du 22e siècle est une supposition pour tout le monde. Nous verrons bien.

Combien d'argent gagnent les mineurs de bitcoins ?

Les mineurs de bitcoins, collectivement, gagnent environ 45 millions de dollars par jour et 1,9 million de dollars par heure (6,25 bitcoins par bloc, 144 blocs par jour). Le bénéfice par mineur dépend de la puissance de hachage, du coût de l'électricité, des frais de pool (s'il s'agit d'un pool), de la consommation d'énergie et du coût du matériel ; Les calculateurs de minage en ligne peuvent estimer les bénéfices en fonction de tous ces facteurs. La plus populaire de ces calculatrices, fournie par Nicehash, se trouve à https://www.nicehash.com/profitability-calculator.

Quelle est la hauteur de bloc de Bitcoin ?

La hauteur de bloc est le nombre de blocs dans une blockchain. La hauteur 0 est le premier bloc (également appelé « bloc de genèse »), la hauteur 1 est le deuxième bloc, et ainsi de suite ; la hauteur actuelle des blocs de Bitcoin est de plus d'un demi-million. Le « temps de génération de bloc » de Bitcoin est actuellement d'environ 10 minutes, ce qui signifie qu'un nouveau bloc est ajouté à la blockchain Bitcoin toutes les 10 minutes environ.

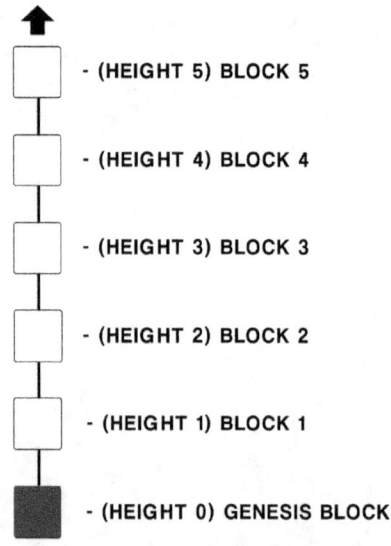

[13]

---

[13] Création de l'auteur. Utilisable sous licence CC BY-SA 4.0.

Bitcoin utilise-t-il des swaps atomiques ?

Un swap atomique est une technologie de contrat intelligent qui permet aux utilisateurs d'échanger deux pièces différentes l'une contre l'autre sans intermédiaire tiers, généralement un échange, et sans avoir besoin d'acheter ou de vendre. Les plateformes d'échange centralisées, telles que Coinbase, ne peuvent pas effectuer d'échanges atomiques. Au lieu de cela, les échanges décentralisés permettent des échanges atomiques et donnent un contrôle total aux utilisateurs finaux.

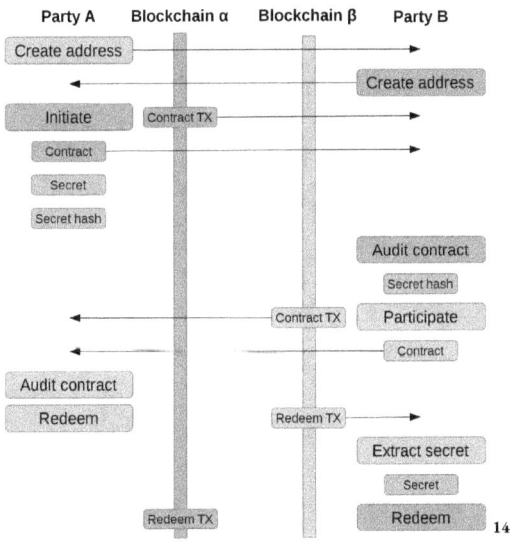

---

[14] Nickboariu / CC BY-SA 4.0 / File:Atomic_Swap_Workflow.svg

Qu'est-ce qu'un pool de minage de bitcoins ?

Les pools de minage, également connus sous le nom de minage de groupe, font référence à des groupes de personnes ou d'entités qui combinent leur puissance de calcul afin de miner ensemble et de partager les récompenses. Cela permet également d'assurer des revenus constants, par opposition à des revenus sporadiques.

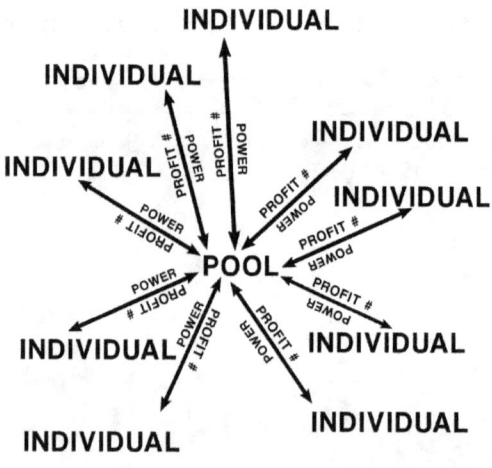

---

[15] Œuvre originale de l'auteur. Utilisable sous licence CC BY-SA 4.0

Qui sont les plus grands mineurs de bitcoins ?

La figure 2.3 est une ventilation de la distribution des mineurs de bitcoins. Les gros morceaux sont tous des pools de minage, et non des mineurs individuels, car les pools permettent une échelle massive (en termes de puissance de calcul) en tirant parti d'un réseau d'individus. Ceci, en substance, applique le concept de distribution très similaire à Bitcoin au minage. Les plus grands pools de bitcoins sont Antpool (un pool de minage en libre accès), ViaBTC (connu pour être sûr et stable), Slush Pool (le plus ancien pool de minage) et BTC.com (le plus grand des quatre).

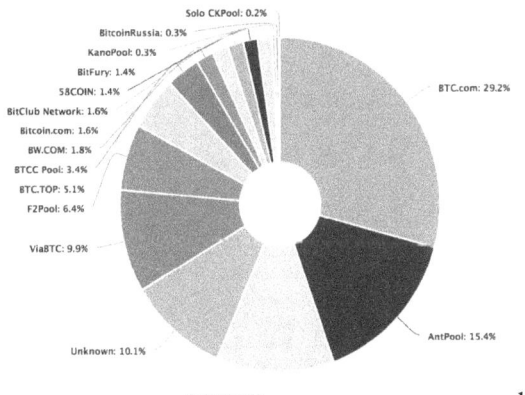

16

---

[16] « Distribution de minage de bitcoins 3 | Télécharger le diagramme scientifique.

La technologie Bitcoin est-elle obsolète ?

Oui, la technologie qui alimente Bitcoin est obsolète par rapport aux concurrents plus récents. Bitcoin a fait le travail de pionnier et a agi comme une preuve de concept pour les crypto-monnaies, mais comme pour toute technologie, l'innovation va de l'avant et suivre une telle innovation nécessite des mises à niveau cohérentes, ce que Bitcoin n'a pas eu. Le réseau Bitcoin peut gérer environ 7 transactions par seconde, tandis qu'Ethereum (la deuxième plus grande crypto-monnaie en termes de capitalisation boursière) peut gérer 30 transactions par seconde et Cardano, la troisième crypto-monnaie la plus importante et beaucoup plus récente, peut gérer environ 1 million de transactions par seconde. La congestion du réseau sur le réseau Bitcoin entraîne des frais beaucoup plus élevés. De cette façon, ainsi qu'en termes de programmabilité, de confidentialité et d'utilisation de l'énergie, Bitcoin est quelque peu dépassé. Cela ne veut pas dire que cela ne fonctionne pas ; C'est le cas, cela signifie simplement que des mises à niveau sérieuses doivent être mises en œuvre ou que l'expérience utilisateur se détériorera et que les

---

https://www.researchgate.net/figure/Bitcoin-Mining-Distribution-3_fig3_328150068. **Consulté le 2 sept. 2021.**

concurrents prospéreront. Cependant, quoi qu'il en soit, Bitcoin a une énorme valeur de marque, une utilisation et une adoption massives, et des protocoles qui font le travail de manière sécurisée ; Cela signifie simplement qu'il ne s'agit pas d'un jeu à somme nulle et qu'il ne se terminera probablement pas dans le meilleur ou le pire des scénarios. Nous verrons probablement un scénario intermédiaire se dérouler, dans lequel Bitcoin continuera de faire face à des problèmes, continuera à mettre en œuvre des solutions et continuera de croître (bien que la croissance doive ralentir à un moment donné) à mesure que l'espace crypto se développe.

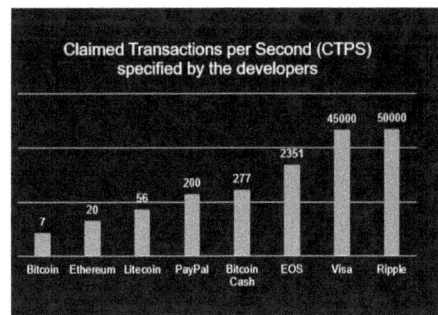

[17]

https://investerest.vontobel.com/

---

[17] « Bitcoin expliqué - Chapitre 7 : Évolutivité des bitcoins - Investerest. » https://investerest.vontobel.com/en-dk/articles/13323/bitcoin-explained---chapter-7-bitcoins-scalability/. Consulté le 4 sept. 2021.

Qu'est-ce qu'un nœud Bitcoin ?

Un nœud est un ordinateur (un nœud peut être n'importe quel ordinateur, pas n'importe quel type spécifique) qui est connecté au réseau d'une blockchain et aide la blockchain à écrire et à valider des blocs. Certains nœuds téléchargent un historique complet de leur blockchain ; Ceux-ci sont appelés masternodes et effectuent plus de tâches que les nœuds réguliers. De plus, les nœuds ne sont en aucun cas liés à un réseau spécifique ; Les nœuds peuvent passer à de nombreuses blockchains différentes pratiquement à volonté, comme c'est le cas avec le minage multipool.

Comment fonctionne le mécanisme d'approvisionnement en bitcoins ?

Bitcoin utilise un mécanisme d'approvisionnement PoW. Un mécanisme d'approvisionnement est la manière dont de nouveaux jetons sont introduits sur le réseau. PoW, ou « Proof of work » signifie littéralement qu'un travail (en termes d'équations mathématiques) est nécessaire pour créer des blocs. Les gens qui font le travail sont des mineurs.

Comment la capitalisation boursière de Bitcoin est-elle calculée ?

L'équation de la capitalisation boursière est très simple : # d'unités x prix unitaire. Les « unités » Bitcoin sont des pièces de monnaie, donc pour résoudre la capitalisation boursière, on peut multiplier l'offre en circulation (environ 18,8 millions) par le prix par pièce (environ 50 000 $). Le chiffre qui en résulte (dans ce cas, 940 milliards) est la capitalisation boursière.

Pouvez-vous donner et obtenir des prêts Bitcoin ?

Oui, vous pouvez tirer parti du Bitcoin et d'autres crypto-monnaies pour contracter un prêt en USD. Ces prêts sont idéaux pour les personnes qui ne veulent pas vendre leurs avoirs en bitcoins, mais qui ont besoin d'argent pour des dépenses telles que les paiements de voiture ou de propriété, les voyages, l'achat d'une propriété, etc. La souscription d'un prêt permet au détenteur de conserver ses actifs tout en profitant de la valeur bloquée dans l'actif. De plus, les prêts Bitcoin ont des délais d'exécution et d'acceptation extrêmement rapides, les cotes de crédit n'ont pas d'importance et les prêts sont assortis d'un certain degré de confidentialité (ce qui signifie que les prêteurs n'ont aucun intérêt dans ce sur quoi vous dépensez l'argent). En tant que prêteur, c'est une bonne stratégie de créer un revenu à partir de placements autrement sédentaires ; des deux côtés, le risque réside en grande partie dans les fluctuations du Bitcoin. Quoi qu'il en soit, il s'agit d'une entreprise intrigante, qui ne fait que commencer et qui a un potentiel de croissance vraiment énorme. Les services les plus populaires pour donner et obtenir des prêts en bitcoins et en pièces de monnaie sont blockfi.com, lendabit, youhodler, btcpop, coinloan.io et mycred.io.

Quels sont les plus gros problèmes avec Bitcoin ?

Bitcoin, malheureusement, n'est pas parfait. C'était le premier du genre, et aucune nouvelle technologie n'est perfectionnée du premier coup. Le plus grand problème actuel et à long terme auquel Bitcoin est confronté est celui de l'énergie et de l'échelle. Bitcoin fonctionne par le biais d'un système PoW (preuve de travail), et l'inconvénient encouru est une consommation d'énergie élevée ; Bitcoin utilise actuellement 78 tW/heure par an (dont une grande partie, mais pas toute, utilise du carbone). Pour mettre les choses en perspective, un térawattheure est une unité d'énergie égale à la production d'un billion de watts pendant une heure. Malgré cela, le réseau Bitcoin consomme trois fois moins d'énergie que le système monétaire traditionnel ; Le problème réside dans la consommation d'énergie lors de l'adoption de masse et dans la consommation d'énergie par rapport aux autres crypto-monnaies.[18] Un système PoS (proof-of-stake), tel que celui utilisé par Ethereum, utilise 99,95 % d'énergie en moins qu'une alternative PoW.[19] C'est plus important que n'importe quelle

---

[18] « Les banques consomment plus de trois fois plus d'énergie que le bitcoin... » https://bitcoinist.com/banks-consume-energy-bitcoin/.
[19] « La preuve d'enjeu pourrait rendre Ethereum 99,95 % plus économe en énergie... » https://www.morningbrew.com/emerging-

donnée absolue sur la consommation d'énergie, car cela fait allusion au fait que Bitcoin a le potentiel de consommer beaucoup moins d'énergie qu'il ne le fait actuellement, même si un besoin énergétique idéal est loin d'être atteint. En plus de l'échelle, un problème tout aussi important auquel Bitcoin est confronté à long terme (non pas en termes de survie, mais en termes de valeur) est l'utilité. Le bitcoin a peu d'utilité intrinsèque et sert plus de réserve de valeur que de technologie. On pourrait faire valoir que le bitcoin remplit une niche et agit comme un or numérique, mais l'épée à double tranchant d'un créneau sédentaire est que la volatilité du bitcoin est extrêmement élevée pour une réserve de valeur à long terme et qu'à un moment donné, soit la volatilité doit diminuer, soit l'utilisation restera limitée à la population qui est à l'aise avec une forte volatilité. À tout le moins, la question de l'utilité soulève la question des alternatives aux altcoins ; car les cas d'utilisation des crypto-monnaies sont variés, notamment en ce qui concerne l'utilité, et donc les crypto-monnaies autres que Bitcoin doivent et existeront à grande échelle à long terme. La question de savoir laquelle, si elle est répondue correctement, sera très profitable.

---

tech/stories/2021/05/19/proofofstake-make-ethereum-9995-energyefficient-work.

Le bitcoin a-t-il des pièces ou des jetons ?

Le bitcoin est constitué de pièces de monnaie, mais il est important de comprendre la différence entre les jetons et les pièces. Un jeton de crypto-monnaie est une unité numérique qui représente un actif, tout comme une pièce de monnaie. Cependant, alors que les pièces sont construites sur leur propre blockchain, les jetons sont construits sur une autre blockchain. De nombreux jetons utilisent la blockchain Ethereum et sont donc appelés jetons, et non pièces. Les pièces de monnaie ne sont utilisées que comme monnaie, tandis que les jetons ont un plus large éventail d'utilisations. Comprendre les tokens fait partie intégrante de la compréhension exacte de ce que vous tradez, ainsi que de la compréhension de toutes les utilisations des monnaies numériques, et pour ces raisons, les sous-catégories de tokens les plus populaires sont analysées ici :

1. *Les security tokens* représentent la propriété légale d'un actif, qu'il soit numérique ou physique. Le mot « sécurité » dans les jetons de sécurité ne signifie pas sécurité comme étant sûr, mais plutôt « sécurité » fait référence à tout instrument financier qui a de la valeur et peut être échangé.

Fondamentalement, les jetons de sécurité représentent un investissement ou un actif.

2. *Les jetons utilitaires* sont intégrés à un protocole existant et peuvent accéder aux services de ce protocole. N'oubliez pas que les protocoles fournissent des règles et une structure que les nœuds doivent suivre, et que les jetons utilitaires peuvent être utilisés à des fins plus larges que le simple jeton de paiement. Par exemple, les jetons utilitaires sont généralement donnés aux investisseurs lors d'une ICO. Ensuite, plus tard, les investisseurs peuvent utiliser les jetons utilitaires qu'ils ont reçus comme moyen de paiement sur la plateforme à partir de laquelle ils ont reçu les jetons. La principale chose à garder à l'esprit est que les jetons utilitaires peuvent faire plus que simplement servir de moyen d'acheter ou de vendre des biens et des services.

3. *Les jetons de gouvernance* sont utilisés pour créer et exécuter un système de vote pour les crypto-monnaies qui permet de mettre à niveau le système sans propriétaire centralisé.

4. *Les jetons de paiement (transactionnels)* sont uniquement utilisés pour payer des biens et des services.

Pouvez-vous gagner de l'argent simplement en détenant des bitcoins ?

De nombreuses pièces fourniront des récompenses juste pour la détention de l'actif ; Les détenteurs d'Ethereum gagneront bientôt 5 % d'APR sur l'ETH staké. Cependant, le mot important est « stakingd » car toutes les pièces qui offrent de l'argent juste pour détenir la pièce ou le jeton (appelées « récompenses de jalonnement ») fonctionnent sur un système et un algorithme PoS (preuve d'enjeu). Un algorithme PoS est une alternative au PoW (proof-of-work) qui permet à une personne de miner et de valider des transactions en fonction du nombre de pièces possédées. Ainsi, avec le PoS, plus vous possédez, plus vous minez. Ethereum pourrait bientôt fonctionner sur la preuve d'enjeu, et de nombreuses alternatives le font déjà. Cela dit, vous pouvez toujours gagner des intérêts sur vos bitcoins en les prêtant à des emprunteurs.

Le bitcoin a-t-il un glissement ?

Pour donner un peu de contexte, le glissement peut se produire lorsqu'une transaction est placée avec un ordre au marché. Les ordres au marché tentent de s'exécuter au meilleur prix possible, mais il arrive parfois qu'une différence notable entre le prix attendu et le prix réel se produise. Par exemple, vous pouvez voir que examplecoin est à 100 $, vous avez donc passé un ordre au marché de 1000 $. Cependant, vous finissez par n'obtenir que 9,8 examplecoin pour vos 1000 $, au lieu des 10 attendus. Le glissement se produit parce que les écarts acheteur/vendeur changent rapidement (en gros, le prix du marché a changé). Le bitcoin et la plupart des crypto-monnaies sont susceptibles de glisser ; Pour cette raison, si vous passez un ordre important, envisagez de passer un ordre à cours limité plutôt qu'un ordre au marché. Cela éliminera le glissement.

Quels acronymes Bitcoin dois-je connaître ?

ATH

Acronyme signifiant « record ». Il s'agit du prix le plus élevé qu'une crypto-monnaie ait atteint au cours d'une période donnée.

ATL (en anglais seulement)

Acronyme signifiant « plus bas de tous les temps ». Il s'agit du prix le plus bas qu'une crypto-monnaie ait atteint au cours d'une période donnée.

BTD (en anglais seulement)

Acronyme signifiant « Buy the Dip ». Peut également être représenté, avec un langage salé, comme BTFD.

Le CEX

Acronyme signifiant « échange centralisé ». Les échanges centralisés appartiennent à une société qui gère les transactions. Coinbase est un CEX populaire.

L'ICO

« Offre initiale de pièces de monnaie. »

P2P (en anglais seulement)

« Les pieds sont les pieds. »

DPN

« Pompez et videz. »

Retour sur investissement

« Retour sur investissement. »

DLT (Écran DLT)

Acronyme signifiant « Distributed Ledger Technology ». Un registre distribué est un registre qui est stocké dans de nombreux emplacements différents afin que les transactions puissent être validées par plusieurs parties. Les réseaux blockchain utilisent des registres distribués.

SATS (en anglais seulement)

SATS est l'abréviation de Satoshi Nakamoto, qui est le pseudonyme utilisé par le créateur de Bitcoin. Un SATS est la plus petite unité autorisée de bitcoin, qui est de 0,000000001 BTC. La plus petite unité de bitcoin est également appelée simplement Satoshi.

Quel argot Bitcoin dois-je connaître ?

Sac

Un sac fait référence à la position d'une personne. Par exemple, si vous possédez une quantité importante dans une pièce, vous en possédez un sac.

Porte-sac

Un porte-sac est un commerçant qui a une position dans une pièce sans valeur. Les porte-sacs gardent souvent espoir sur leur position sans valeur

Dauphin

Les détenteurs de crypto-monnaies sont classés selon plusieurs animaux différents. Ceux qui ont des exploitations extrêmement grandes, comme dans les 10 millions d'individus, sont appelés baleines, tandis que ceux qui ont des exploitations de taille moyenne sont appelés dauphins.

Retournement / Flappage

Le « flippening » est utilisé pour décrire le moment hypothétique où, le cas échéant, l'Etherium (ETH) a dépassé Bitcoin (BTC) en termes de capitalisation boursière. Le « flappening » a été le moment où le Litecoin (LTC) a dépassé Bitcoin Cash (BCH) en capitalisation boursière. Le flappening s'est produit en 2018, alors que le flippening n'a pas encore eu lieu et, sur la base uniquement de la capitalisation boursière, il est peu probable qu'il se produise un jour.

Lune / Vers la Lune

Des termes tels que « sur la lune » et « ça va sur la lune » font simplement référence à la valeur de la crypto-monnaie, généralement d'un montant extrême.

Fumiciel

Le vaporware est une pièce ou un jeton qui a fait l'objet d'un battage médiatique, mais qui a peu de valeur intrinsèque et dont la valeur est susceptible de diminuer.

Vladimir Club

Terme qui décrit une personne qui a acquis 1 % de 1 % (0,01 %) de l'offre maximale d'une crypto-monnaie.

Mains faibles

Les traders que vous avez des « mains faibles » n'ont pas la confiance nécessaire pour détenir leurs actifs dans le. font face à la volatilité et négocient souvent sous le coup de l'émotion, au lieu de s'en tenir à leur plan de trading.

REKT

Orthographe phonétique de « naufragé ».

HODL

« Accrochez-vous à la vie. »

DYOR

« Faites vos propres recherches. »

FOMO (en anglais seulement)

« Peur de rater quelque chose. »

FUD

« La peur, l'incertitude et le doute. »

JOMO

« La joie de rater quelque chose. »

ELI5

« Expliquez-le comme si j'avais 5 ans. »

Pouvez-vous utiliser l'effet de levier et la marge pour trader le bitcoin ?

Pour fournir un contexte à ceux qui ne sont pas familiers avec le trading à effet de levier, les traders peuvent « tirer parti » de leur pouvoir de trading en négociant sur des fonds empruntés à un tiers. Par exemple, supposons que vous ayez 1 000 $ et que vous utilisiez un effet de levier de 5x ; Vous négociez maintenant avec des fonds d'une valeur de 5 000 $, dont 4 000 $ que vous avez empruntés. Selon cette même fonction, un effet de levier de 10x est de 10 000 $ et 100x est de 100 000 $. L'effet de levier vous permet d'amplifier les profits en utilisant de l'argent qui n'est pas le vôtre et en conservant une partie des bénéfices supplémentaires. Le trading sur marge est presque interchangeable avec le trading à effet de levier (puisque la marge crée un effet de levier) et la seule différence est que la marge est exprimée sous la forme d'un dépôt en pourcentage requis, tandis que l'effet de levier est un ratio (ce qui signifie que vous pouvez trader sur marge à un effet de levier de 3x). Le trading à effet de levier et sur marge est très risqué ; D'une manière générale, à moins que vous n'ayez un trader expérimenté et que vous ayez une certaine stabilité financière, le trading à effet de levier n'est pas recommandé. Cela dit, de nombreuses plateformes d'échange proposent des services de trading à effet de levier pour le bitcoin et d'autres crypto-monnaies. Voici la liste des meilleurs services qui proposent le trading de crypto-monnaies à effet de levier :

- [Binance](#) (populaire, le meilleur dans l'ensemble)
- [Bybit](#) (meilleurs graphiques)
- [BitMEX](#) (le plus facile à utiliser)
- [Deribit](#) (idéal pour le trading de bitcoins à effet de levier)
- [Kraken](#) (populaire, convivial)
- [Poloniex](#) (liquidité élevée)

Qu'est-ce qu'une bulle Bitcoin ?

Une bulle dans le bitcoin et tous les investissements fait référence à une période pendant laquelle tout augmente à un rythme insoutenable. Souvent, des bulles éclatent et déclenchent un grand crash. Pour cette raison, être dans une bulle, qu'il s'agisse du marché dans son ensemble ou d'une pièce ou d'un jeton spécifique, est à la fois une bonne et (plus) mauvaise chose.

Qu'est-ce que cela signifie d'être « haussier » ou « baissier » sur Bitcoin ?

Être baissier signifie que vous pensez que le prix d'une pièce, d'un jeton ou de la valeur du marché dans son ensemble va baisser. Si vous pensez ainsi, vous êtes également considéré comme « baissier » sur le titre donné. À l'inverse, il faut être optimiste : une personne qui pense qu'un titre va prendre de la valeur est optimiste à l'égard de ce titre. Ces mots ont été popularisés dans la terminologie boursière, et on pense que l'origine est liée aux traits des animaux : un taureau poussera ses cornes vers le haut tout en attaquant un adversaire, tandis qu'un ours se lèvera et glissera vers le bas.

Le bitcoin est-il cyclique ?

Oui, le bitcoin est historiquement cyclique et a tendance à fonctionner sur des cycles pluriannuels (plus précisément, des cycles de 4 ans) qui se sont historiquement divisés en ce qui suit : des sommets de rupture, une correction, une accumulation, et enfin une reprise et une continuation. Cela peut être simplifié en un grand haut, un majeur vers le bas, un peu vers le haut ou sur le côté, et un grand haut. Les pics de percée suivent généralement (normalement un an ou deux après) les événements de réduction de moitié du bitcoin, qui se produisent tous les quatre ans (dont le plus récent a eu lieu en 2020). Il ne s'agit en aucun cas d'une science exacte, mais cela donne une certaine perspective sur le potentiel à moyen terme et l'action des prix du bitcoin. De plus, de grands sauts d'altcoins (en particulier des altcoins moyens et petits) se produisent généralement alors que Bitcoin ne fait ni un mouvement majeur à la hausse ni un mouvement majeur à la baisse, et suit souvent un grand mouvement à la hausse. À ce stade, les investisseurs prennent les bénéfices du bitcoin (pendant que le prix se consolide) et les placent dans des pièces plus petites. Donc, tout cela est généralement quelque chose à penser, surtout si vous envisagez d'acheter ou de vendre des bitcoins.

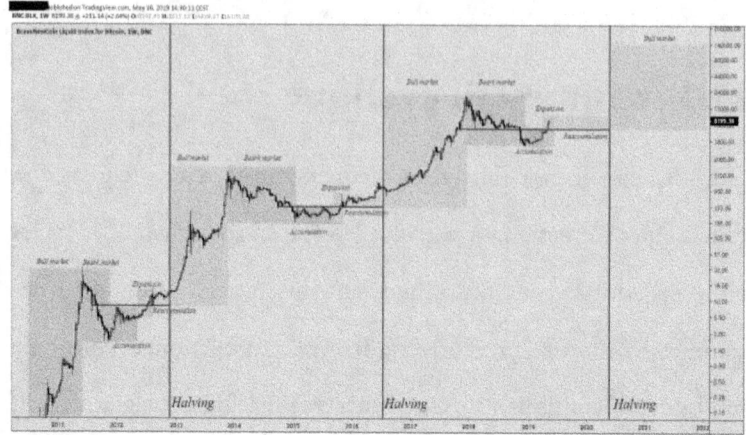

2021

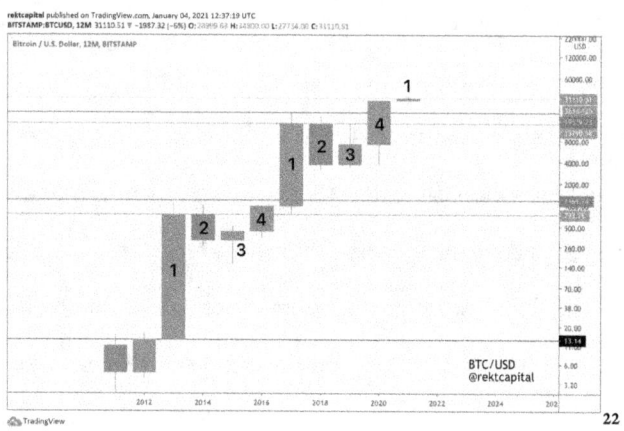

22

20

[21] « Répartition détaillée des cycles de quatre ans de Bitcoin | Académie du Forex. 10 févr. 2021, https://www.forex.academy/detailed-breakdown-of-bitcoins-four-years-cycles/. Consulté le 4 sept. 2021.

[22] « Une ventilation détaillée des cycles de quatre ans de Bitcoin | Hacker Noon. 29 oct. 2020, https://hackernoon.com/a-detailed-breakdown-of-bitcoins-four-year-cycles-icp3z0q. Consulté le 4 sept. 2021.

Quelle est l'utilité de Bitcoin ?

L'utilité d'une pièce ou d'un jeton est l'un des aspects les plus importants de la diligence raisonnable, car la compréhension de l'utilité et de la valeur actuelles et à long terme d'une pièce ou d'un jeton permet une analyse beaucoup plus claire du potentiel. L'utilité est définie comme étant utile et fonctionnelle ; Les crypto-monnaies ou les jetons utilitaires ont des utilisations réelles et pratiques : ils n'existent pas seulement mais servent plutôt à résoudre un problème ou à offrir un service. Les pièces dont les utilisations et les cas d'utilisation actuels sont les plus fonctionnels sont susceptibles de réussir, par opposition à celles qui n'ont pas d'objectif, d'utilisation et d'innovation continus. Voici quelques études de cas, dont celle du Bitcoin :

- ❖ Le bitcoin (BTC) sert de réserve de valeur fiable et à long terme, semblable à « l'or numérique ».
- ❖ Ethereum (ETH) permet la création de dApps et de contrats intelligents au-dessus de la blockchain Ethereum.
- ❖ Storj (STORJ) peut être utilisé pour stocker des données dans le cloud de manière décentralisée, à l'instar de Google Drive et Dropbox.
- ❖ Le jeton d'attention de base (BAT) est utilisé dans le navigateur Brave pour gagner des récompenses et envoyer des pourboires aux créateurs.

- ❖ Golem (GNT) est un supercalculateur mondial qui offre des ressources informatiques louables en échange de jetons GNT.

Est-il préférable de détenir des bitcoins ou de les échanger ?

Historiquement parlant, il est plus rentable et plus facile de simplement détenir des bitcoins. Le temps, les efforts et le timing nécessaires pour trader avec succès (ou pour réaliser un profit plus important que ceux qui détiennent) sont un mélange extrêmement difficile à assembler ; Ceux qui le font sont généralement des traders à temps plein ou ont accès à des outils que d'autres n'ont pas. À moins que vous ne soyez prêt à embrasser ce niveau de dévouement ou que vous appréciiez vraiment le processus, il est préférable de détenir et d'acheter des bitcoins à long terme.

Investir dans le bitcoin est-il risqué ?

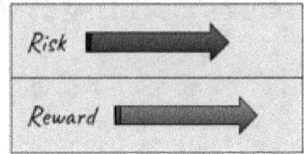

L'image ci-dessus est basée sur le principe du compromis risque-rendement. Lorsque l'on voit tout le monde gagner de l'argent (comme le permettent largement et dangereusement les médias sociaux, puisque tout le monde affiche les gains et non les pertes), comme c'est actuellement le cas sur le marché des crypto-monnaies, nous sommes enclins à assumer inconsciemment (ou consciemment) un manque de risque significatif. Cependant, d'une manière générale (surtout en ce qui concerne les investissements), plus il y a de rendement, plus il y a de risque. Investir dans les crypto-monnaies n'est pas sans risque, ni à faible risque ; C'est extrêmement risqué, mais comme il s'agit d'une épée à double tranchant, elle offre également une récompense extrême.

Qu'est-ce que le livre blanc Bitcoin ?

Un livre blanc est un rapport d'information publié par une organisation sur un produit, un service ou une idée générale donné. Les livres blancs expliquent (vraiment, vendent) le concept et fournissent une idée et un calendrier des événements futurs. En général, cela aide les lecteurs à comprendre un problème, à comprendre comment les créateurs de l'article visent à résoudre ce problème et à se faire une opinion sur ce projet. Trois types de livres blancs sont fréquents dans l'espace professionnel : tout d'abord, le « document d'information », qui explique le contexte d'un produit, d'un service ou d'une idée et fournit des informations techniques et éducatives qui vendent le lecteur. Un deuxième type de livre blanc est une « liste numérotée » qui affiche le contenu dans un format digeste et axé sur les chiffres. Par exemple, « 10 cas d'utilisation pour la pièce CM » ou « 10 raisons pour lesquelles le jeton HL dominera le marché ». Un dernier type est un livre blanc problème/solution, qui définit le problème que le produit, le service ou l'idée vise à résoudre, et explique la solution créée.

Les livres blancs sont utilisés dans l'espace crypto pour expliquer les nouveaux concepts et les aspects techniques, la vision et les plans entourant un projet donné. Tous les projets cryptographiques professionnels auront un livre blanc, généralement disponible sur leur site Web. La lecture du livre blanc vous permet de mieux comprendre un projet que pratiquement n'importe quelle autre source d'information accessible. Le livre blanc de Bitcoin a été publié en 2008 et décrivait les principes d'un système de paiement électronique cryptographiquement sécurisé, distribué et P2P transparent et incontrôlable. Vous pouvez lire le livre blanc original de Bitcoin par vous-même en cliquant sur le lien suivant :

bitcoin.org/bitcoin.pdf

Vous trouverez ci-dessous quelques sites Web qui fournissent plus d'informations sur les livres blancs sur les crypto-monnaies ou l'accès à ceux-ci.

Tous les livres blancs sur les crypto-monnaies
https://www.allcryptowhitepapers.com/

CryptoRating (en anglais seulement)
https://cryptorating.eu/whitepapers/

CoinDesk (en anglais seulement)
https://www.coindesk.com/tag/white-papers

Que sont les clés Bitcoin ?

Une clé est une chaîne de caractères aléatoire utilisée par les algorithmes pour chiffrer des données. Bitcoin et la plupart des crypto-monnaies utilisent deux clés : une clé publique et une clé privée. Les deux touches sont des chaînes de lettres et de chiffres. Une fois qu'un utilisateur a initié sa première transaction, une paire d'une clé publique et d'une clé privée est créée. La clé publique est utilisée pour recevoir des crypto-monnaies, tandis que la clé privée permet à l'utilisateur d'effectuer des transactions à partir de son compte. Les deux clés sont stockées dans un portefeuille.

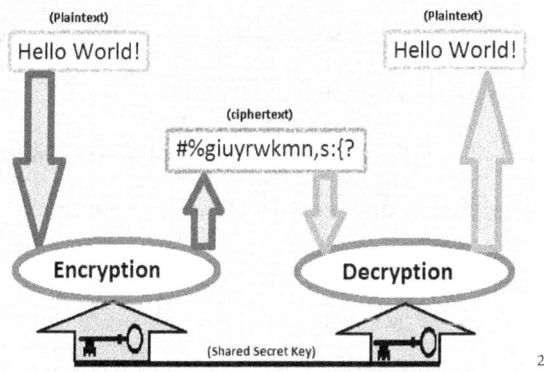

---

[23] Dev-NJITWILL / PDM / File:Crypto.png

Le bitcoin est-il rare ?

Oui. Le bitcoin est un actif déflationniste dont l'offre est fixe. Les crypto-monnaies à approvisionnement fixe ont une limite d'offre algorithmique. Le bitcoin, comme nous l'avons mentionné, est un actif à approvisionnement fixe, car il n'est plus possible de créer des pièces une fois que 21 millions ont été mises en circulation. Actuellement, près de 90 % des bitcoins ont été minés et environ 0,5 % de l'offre totale est retirée de la circulation chaque année (en raison de l'envoi de pièces à des comptes inaccessibles. Selon le halving (couvert plus loin), Bitcoin atteindra son offre maximale vers l'année 2140. De nombreuses autres crypto-monnaies (provenant du site Web cryptoli.st, vérifiez-les par vous-même si vous êtes intéressé par d'autres listes de crypto-monnaies) telles que Binance Coin (BNB), Cardano (ADA), Litecoin (LTC) et ChainLink (LINK), sont également fondées sur un système déflationniste à approvisionnement fixe. De plus amples informations sur le concept de systèmes déflationnistes et sur les raisons pour lesquelles cela rend le bitcoin rare sont décrites dans la question « que signifie que signifie le bitcoin déflationniste ? » ci-dessous.

Que sont les baleines Bitcoin ?

Les baleines, dans les crypto-monnaies, font référence à des individus ou à des entités qui détiennent suffisamment d'une pièce ou d'un jeton donné pour être considérés comme des acteurs majeurs ayant le potentiel d'influencer l'action des prix. Environ 1000 baleines Bitcoin individuelles possèdent 40% de tous les bitcoins, et 13% de tous les bitcoins sont détenus sur un peu plus de 100 comptes.[24] Les baleines Bitcoin peuvent manipuler le prix du Bitcoin par le biais de diverses stratégies, et l'ont certainement fait ces dernières années. Un article connexe intéressant (publié par Medium) s'intitule « Bitcoin Whales and Crypto Market Manipulation ».

---

[24] « Le monde étrange des « baleines » Bitcoin 22 janvier 2021, https://www.telegraph.co.uk/technology/2021/01/22/weird-world-bitcoin-whales-2500-people-control-40pc-market/.

Qui sont les mineurs de bitcoins ?

Les mineurs de bitcoins sont tous ceux qui prêtent de la puissance de calcul au réseau Bitcoin. Cela va des utilisateurs de PC Nicehash aux fermes de minage complètes ; Toute personne qui ajoute de la puissance au réseau (augmentant ainsi le taux de hachage) est définie comme un mineur. Les mineurs de bitcoins offrent une puissance de calcul au réseau Bitcoin, qui est utilisée pour vérifier les transactions et ajouter des blocs à la blockchain, en échange de récompenses en bitcoins.

Qu'est-ce que cela signifie de « brûler » Bitcoin ?

Le terme « brûlé » fait référence au processus de combustion, qui est un mécanisme d'approvisionnement qui permet de retirer les pièces de la circulation, agissant ainsi comme un outil déflationniste et augmentant la valeur de chaque autre pièce dans le réseau (dont le concept ressemble beaucoup à celui d'une entreprise qui rachète des actions sur le marché boursier). La gravure peut être effectuée de plusieurs manières différentes : l'une de ces façons consiste à envoyer des pièces à un portefeuille inaccessible, appelé « adresse de mangeur ». Dans ce cas, bien que les jetons n'aient pas techniquement été retirés de l'offre totale, l'offre en circulation a effectivement diminué. Actuellement, environ 3,7 millions de Bitcoins (200+ milliards de valeur) ont été perdus au cours de ce processus. Les jetons peuvent également être brûlés en codant une fonction de gravure dans les protocoles qui régissent un jeton, mais l'option la plus populaire consiste à utiliser les adresses de mangeur mentionnées. Une analyse de crypto-monnaie nommée Timothy Paterson a affirmé que 1 500 bitcoins sont perdus chaque jour, ce qui dépasse de loin l'augmentation quotidienne moyenne (par le minage) de 900. En fin de compte, jusqu'à un certain point, la perte de pièces augmente la rareté et la valeur.

Que signifie le fait que le bitcoin soit déflationniste ?

Le bitcoin est un actif à offre fixe (ce qui signifie que l'offre de pièces a une limite algorithmique) car il n'est plus possible de créer des pièces une fois que 21 millions ont été mises en circulation. Actuellement, près de 90 % des bitcoins ont été minés et environ 0,5 % de l'offre totale est perdue chaque année. À la suite d'une réduction de moitié, le bitcoin atteindra son offre maximale vers 2140. L'avantage le plus évident d'un système d'approvisionnement fixe est qu'il est déflationniste. Les actifs déflationnistes sont des actifs dont l'offre totale diminue avec le temps, et donc chaque unité augmente en valeur. Par exemple, disons que vous êtes bloqué sur une île déserte avec 10 autres personnes, et que chaque personne a 1 bouteille d'eau. Étant donné que certaines personnes boiront probablement leur eau, l'approvisionnement total de 100 bouteilles d'eau ne peut que diminuer. Cela fait de l'eau un actif déflationniste. Au fur et à mesure que l'offre totale diminue, chaque bouteille d'eau prend de plus en plus de valeur. Disons qu'il ne reste plus que 20 bouteilles d'eau. Chacune des 20 bouteilles d'eau vaut autant que 5 bouteilles d'eau valaient autrefois lorsque les 100 étaient en circulation. De cette façon, les détenteurs à long terme d'actifs déflationnistes voient la valeur de leurs avoirs augmenter parce que la valeur fondamentale par rapport à l'ensemble (dans l'exemple de la bouteille d'eau, 1 bouteille sur 100 correspond à 1 %, tandis que 1 bouteille sur 20 correspond à 5 %, ce qui fait que chaque bouteille vaut 5 fois plus) a augmenté. Dans l'ensemble, un modèle d'offre fixe et déflationniste, tout comme l'or numérique (en particulier en ce qui concerne le bitcoin en particulier), augmentera la valeur fondamentale de chaque pièce ou jeton au fil du temps et créera de la valeur grâce à la rareté.

Quel est le volume de Bitcoin ?

Le volume d'échange, connu simplement sous le nom de « volume », est le nombre de pièces ou de jetons échangés dans un laps de temps spécifié. Le volume peut indiquer la santé relative d'une certaine pièce ou du marché global. Par exemple, au moment d'écrire ces lignes, Bitcoin (BTC) a un volume de 46 milliards de dollars sur 24 heures, tandis que Litecoin (LTC), au cours de la même période, s'est négocié 7 milliards de dollars. Ce nombre lui-même, cependant, est quelque peu arbitraire ; Un moyen standardisé de comparaison en volume est le rapport entre la capitalisation boursière et le volume. Par exemple, en continuant avec les deux pièces ci-dessus, Bitcoin a une capitalisation boursière de 1,1 billion de dollars et un volume de 46 milliards de dollars, ce qui signifie que 1 $ sur 24 $ sur le réseau a été échangé au cours des dernières 24 heures. Litecoin a une capitalisation boursière de 16,7 milliards de dollars et un volume de 7 milliards de dollars sur 24 heures, ce qui signifie que 1 $ sur 2,3 $ sur le réseau a été échangé au cours des dernières 24 heures. Grâce à une compréhension du volume, d'autres informations sur une pièce, telles que la popularité, la volatilité, l'utilité, etc., peuvent être mieux comprises. Vous trouverez ci-dessous des informations sur le volume de Bitcoin et d'autres crypto-monnaies :

CoinMarketCap - coinmarketcap.com

Comment le bitcoin est-il miné ?

Le bitcoin est miné par l'application de nœuds (les nœuds, pour récapituler, sont des ordinateurs dans le réseau). Les nœuds résolvent des problèmes de hachage complexes, et les propriétaires de nœuds sont récompensés proportionnellement à la quantité de travail (d'où la preuve de travail) effectuée. De cette façon, les propriétaires de nœuds (appelés mineurs) peuvent miner des bitcoins.

Pouvez-vous obtenir des USD avec Bitcoin ?

Oui! Dans la question ci-dessous, vous en apprendrez plus sur les paires. Les monnaies fiduciaires peuvent être converties en et hors de Bitcoin par le biais d'une paire fiat-crypto. La paire Bitcoin-USD est BTC/USD. Le dollar américain est la devise de cotation du bitcoin et d'autres devises, ce qui signifie que l'USD est l'étalon auquel les autres crypto-monnaies sont comparées ; c'est pourquoi vous pouvez dire « Bitcoin a atteint 50 000 » alors que Bitcoin vient d'arriver à une valeur équivalente à 50 000 dollars américains.

Qu'est-ce qu'une paire de bitcoins ?

Toutes les crypto-monnaies fonctionnent par paires. Une paire est une combinaison de deux crypto-monnaies qui permet d'échanger ces crypto-monnaies. Une paire BTC/ETH (crypto-to-crypto) permet d'échanger des bitcoins contre de l'Ethereum, et vice versa. Une paire BTC/USD (crypto-fiat) permet au Bitcoin de s'échanger contre le dollar américain, et vice versa. Compte tenu de la grande quantité de petites crypto-monnaies, le marché des changes se concentre autour de quelques grandes crypto-monnaies qui, à leur tour, s'échangent contre n'importe quoi d'autre. Par exemple, il se peut qu'il n'existe pas de paire Celo (CGLD) vers Fetch.ai (FET), mais qu'une paire CGLD/BTC et une paire BTC/FET permettent de convertir CGLD en FET. Pour faire simple, les paires sont le réseau qui relie différents actifs. Les paires permettent également l'arbitrage, qui consiste à négocier sur la différence de prix des paires entre différentes bourses et marchés.

Le Bitcoin est-il meilleur que l'Ethereum ?

La principale différence entre Bitcoin et Etherem est la proposition de valeur. Bitcoin a été créé comme une réserve de valeur, apparentée à un or numérique, tandis qu'Ethereum agit comme une plate-forme sur laquelle des applications décentralisées (dApps) et des contrats intelligents sont créés (alimentés par le jeton ETH et le langage de programmation Solidity). Étant donné que l'ETH est nécessaire pour exécuter des dApps sur la blockchain Ethereum, la valeur de l'ETH est quelque peu liée à l'utilité. En une phrase ; Le bitcoin est une monnaie, tandis que l'Ethereum est une technologie, et à cet égard, l'Ethereum n'a pas été créé comme un concurrent du Bitcoin, mais plutôt pour le compléter et le contourner. Pour cela, la question de savoir lequel est le meilleur est comme comparer une pomme à une brique ; Les deux sont excellents dans ce qu'ils font et choisir l'un plutôt que l'autre, c'est choisir la proposition de valeur plutôt qu'une autre (par exemple : nous avons besoin de la pomme pour nous nourrir, mais de la brique pour créer un abri), dont la question n'a pas de réponse claire ou convenue.

Peut-on acheter des choses avec des bitcoins ?

Le bitcoin représente un sens partagé de la valeur ; La valeur peut être négociée et échangée contre des objets de valeur équivalente ou quasi équivalente, comme n'importe quelle autre devise. Malgré cela, il est assez difficile, voire impossible, d'acheter directement la plupart des choses avec Bitcoin (cela dit, les options existent et se développent rapidement). Bien sûr, il est toujours possible d'échanger des bitcoins contre leur monnaie et d'utiliser la monnaie pour acheter des choses, mais la question demeure : pourquoi ne pouvez-vous pas encore utiliser Bitcoin pour acheter des articles que vous paieriez autrement avec d'autres méthodes de paiement numériques ? Une telle question est complexe, mais elle est principalement liée au fait que le système établi de monnaies soutenues par le gouvernement fonctionne depuis un certain temps, tandis que les crypto-monnaies sont nouvelles et fonctionnent en dehors du contrôle et de l'influence du gouvernement. Les tendances actuelles indiquent que les crypto-monnaies s'intègrent dans une large mesure dans les détaillants, les grossistes et les vendeurs indépendants en ligne (et dans une certaine mesure, hors ligne) (grâce à l'intégration avec des processeurs de paiement, tels que Stripe, PayPal, Square, etc.). Déjà, Microsoft (dans le magasin Xbox), Home Depot (via Flexa), Starbucks (via Bakkt), Whole Foods (via Spedn) et de nombreuses autres entreprises acceptent Bitcoin ; les points de basculement sont les principaux détaillants en ligne acceptant le bitcoin (Amazon, Walmart, Target, etc.) et le point où les gouvernements adoptent ou repoussent les crypto-monnaies comme moyen de paiement.

Quelle est l'histoire du Bitcoin ?

En 1991, une chaîne de blocs sécurisée par cryptographie a été conceptualisée pour la première fois. Près d'une décennie plus tard, en 2000, Stegan Knost a publié sa théorie sur les chaînes sécurisées par cryptographie, ainsi que des idées pour une mise en œuvre pratique et 8 ans plus tard, Satoshi Nakamoto a publié un livre blanc (un livre blanc étant un rapport et un guide complets) qui a établi un modèle pour une blockchain. En 2009, Nakamoto a mis en œuvre la première blockchain, qui a été utilisée comme registre public pour les transactions effectuées à l'aide de la crypto-monnaie qu'il a développée, appelée Bitcoin. Enfin, en 2014, des cas d'utilisation de la blockchain et des réseaux blockchain ont commencé à se développer en dehors de la crypto-monnaie, ouvrant ainsi les possibilités du Bitcoin et de la blockchain au monde entier.

Comment acheter des bitcoins ?

Les bitcoins peuvent principalement être achetés par le biais d'échanges et conservés, par la suite, dans l'échange ou dans un portefeuille. Les plateformes d'échange les plus populaires pour les utilisateurs américains et internationaux sont répertoriées ci-dessous :

NOUS

Coinbase - coinbase.com (idéal pour les nouveaux investisseurs)

PayPal - paypal.com (facile pour ceux qui utilisent déjà PayPal)

Binance US - binance.us (idéal pour les altcoins, les investisseurs avancés)

Bisq - bisq.network (décentralisé)

Global (fonctionnalité non disponible/limitée aux États-Unis)

Binance - binance.com (meilleur dans l'ensemble)

Huibo Global - huobi.com (la plupart des offres)

7b - sevenb.io (facile)

Crypto.com - crypto.com (frais les plus bas)

Une fois qu'un compte est créé sur une plateforme d'échange, les utilisateurs peuvent transférer de la monnaie fiduciaire sur le compte pour acheter les crypto-monnaies souhaitées.

Le bitcoin est-il un bon investissement ?

En termes historiques, le bitcoin est l'un des meilleurs investissements de la dernière décennie ; le taux de rendement composé a été d'environ 200 % par an et 10 $ investis dans le bitcoin en 2010 vaudraient 7,6 millions de dollars aujourd'hui (un retour sur investissement stupéfiant de 76 500 000 %). Cependant, les rendements rapides générés par le bitcoin dans le passé ne peuvent pas se maintenir indéfiniment, et la question de savoir si le bitcoin *sera* un bon investissement en est une autre. En général, les faits font actuellement du Bitcoin une bonne conservation à long terme, surtout si vous croyez aux tendances croissantes de la décentralisation et de la blockchain. Cela dit, un certain nombre d'événements de type cygne noir pourraient causer des dommages extrêmes au bitcoin, et un certain nombre de concurrents pourraient prendre la place du bitcoin. La question de savoir s'il faut investir doit être étayée par des faits, mais en fonction de vous : le niveau de risque que vous êtes prêt à prendre, le montant d'argent que vous êtes capable et prêt à risquer, et ainsi de suite. Alors, faites des recherches, pensez aussi rationnellement que possible et prenez des décisions de trading que vous ne regretterez pas.

Le bitcoin va-t-il s'effondrer ?

Le bitcoin est un actif très cyclique et a tendance à s'effondrer régulièrement. Pour les détenteurs de bitcoins à long terme, des krachs éclairs et des périodes baissières prolongées sont extrêmement probables. Le bitcoin s'est effondré de 80 % ou plus (un chiffre considéré comme désastreux sur d'autres marchés) à trois reprises depuis 2012 ; Dans tous les cas, il a rapidement rebondi. Tout cela s'explique en partie par le fait que le bitcoin est encore dans sa phase de découverte des prix et qu'il connaît une croissance rapide en termes d'adoption, de sorte que la volatilité est endémique. En résumé ; Historiquement parlant, si le bitcoin s'effondrera sans aucun doute, il se redressera aussi.

Qu'est-ce que le système PoW de Bitcoin ?

Un algorithme PoW est utilisé pour confirmer les transactions et créer de nouveaux blocs sur une blockchain donnée. PoW, qui signifie preuve de travail, signifie littéralement qu'un travail (par le biais d'équations mathématiques) est nécessaire pour créer des blocs. Les personnes qui font le travail sont des mineurs, et les mineurs sont récompensés pour leurs efforts de calcul par le biais de l'équité.

Qu'est-ce que le halving du bitcoin ?

Le halving est un mécanisme d'approvisionnement qui régit la vitesse à laquelle les pièces sont ajoutées à une crypto-monnaie à approvisionnement fixe. L'idée et le processus ont été popularisés par Bitcoin, qui diminue de moitié tous les 4 ans. Le halving est mis en branle par une réduction programmée des récompenses de minage ; Les récompenses de bloc sont les récompenses accordées aux mineurs (en réalité, les ordinateurs) qui traitent et valident les transactions dans un réseau blockchain donné. De 2016 à 2020, tous les ordinateurs (appelés nœuds) du réseau Bitcoin gagnaient collectivement 12,5 bitcoins toutes les 10 minutes, et c'était le nombre de bitcoins entrant en circulation. Cependant, après le 11 mai 2020, les récompenses sont tombées à 6,25 bitcoins au cours de la même période. De cette façon, pour chaque tranche de 210 000 blocs minés, ce qui équivaut à environ tous les quatre ans, les récompenses des blocs continueront à diminuer de moitié jusqu'à ce que la limite maximale de 21 millions de pièces soit atteinte vers 2040. Ainsi, le halving est susceptible d'augmenter la valeur du Bitcoin et d'autres crypto-monnaies en diminuant l'offre sans modifier la demande. La rareté, comme nous l'avons mentionné, génère de la valeur, et l'offre limitée, combinée à une demande croissante, crée une rareté de plus en plus grande. Pour cette raison, le halving a historiquement fait grimper le prix du bitcoin et sera probablement un catalyseur de croissance à long terme. Crédit du chiffre à medium.com.

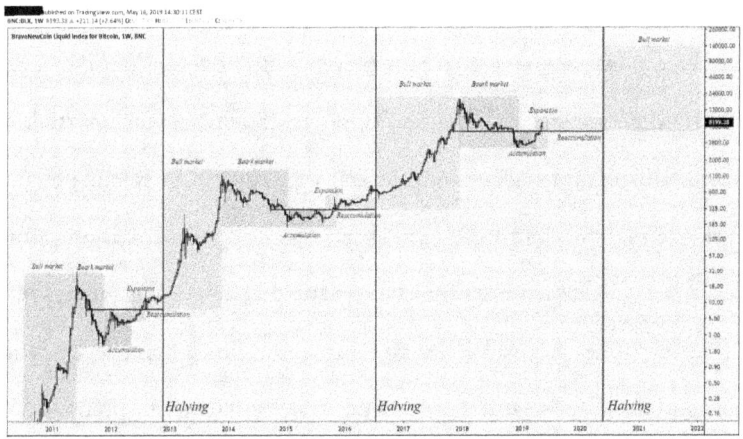

---

[25] https://medium.com/coinmonks/how-the-bitcoin-halving-impacts-bitcoins-price-ac7ba87706f1

Pourquoi le bitcoin est-il volatil ?

Le bitcoin est toujours dans sa « phase de découverte des prix », ce qui signifie que le marché se développe si rapidement que la véritable valeur du bitcoin reste inconnue. Par conséquent, la valeur perçue dirige le marché (renforcée par l'absence de toute organisation pour gérer la volatilité du bitcoin) et la valeur perçue est très facilement affectée par les nouvelles, les rumeurs, etc. Finalement, le bitcoin deviendra moins volatil, mais cela pourrait certainement prendre un certain temps.

Dois-je investir dans le Bitcoin ?

La question de savoir si vous devriez investir dans le bitcoin n'est pas seulement une question de bitcoin, mais de vous. Le bitcoin comporte un risque inhérent, étant un actif spéculatif et volatil, et bien que le potentiel de hausse soit énorme, il faut garder à l'esprit l'épée à double tranchant du risque et de la récompense. La meilleure chose que vous puissiez faire est d'en apprendre le plus possible sur le bitcoin, les crypto-monnaies et la blockchain (ainsi que sur les tendances de ces sujets et les développements du monde réel), et d'intégrer ces informations à votre tolérance au risque, à votre situation financière et à toute autre variable susceptible d'affecter votre décision d'investissement.

Comment réussir à investir dans le bitcoin ?

Ces 5 règles vous aideront à investir avec succès dans le Bitcoin, étant donné que l'argent et le trading sont des expériences émotionnelles :

- ❖ Rien n'est éternel
- ❖ Personne n'aurait, n'aurait dû, n'aurait pu
- ❖ Ne soyez pas émotif
- ❖ Diversifier
- ❖ Les prix n'ont pas d'importance

Rien ne dure éternellement

Au moment d'écrire ces lignes, au début de l'année 2021, le marché des crypto-monnaies est dans une bulle. C'est ce qu'on dit en tant qu'optimiste de la cryptographie. Les rendements incroyables que les gens font et les tendances haussières incroyables de pratiquement toutes les pièces sont tout simplement insoutenables ; Si cela continue éternellement, n'importe qui pourrait mettre de l'argent dans n'importe quoi et réaliser un profit massif. Cela ne signifie pas que le marché va tomber à zéro ou que les concepts qui stimulent la croissance vont échouer ; Je dis simplement qu'à un moment donné, l'énorme croissance ralentira. Cela peut être lent et progressif, ou rapide, comme dans le cas d'un crash rapide. Historiquement, le bitcoin a connu des cycles qui impliquent des hausses massives, dont la plus importante s'est produite à la fin de 2017, de mars à juillet 2019, et à nouveau de novembre 2020 au moment de la rédaction de cet article, avril 2021. Dans les courses haussières mentionnées, respectivement, le bitcoin a augmenté d'environ 15 fois (2017), 3 fois (2019) et maintenant, dans la course haussière actuelle, 10 fois et ce n'est pas fini. Dans le cas précédent où le bitcoin a été multiplié par plus de 15, la majeure partie de l'année suivante a ensuite été passée à s'effondrer de 20 000 à 4 000 euros. Cela soutient l'idée des cycles Bitcoin mentionnés, qui ont d'abord une tendance haussière massive, puis s'effondrent à des plus bas plus élevés. Cela signifie plusieurs choses : premièrement, c'est un bon pari à conserver si Bitcoin s'effondre. Deuxièmement, si le bitcoin et le marché des crypto-monnaies augmentent pendant que vous lisez ceci, ils baisseront probablement à un moment donné au cours des prochaines années. S'il diminue pendant que vous lisez ceci, il augmentera probablement de manière vraiment massive au cours des prochaines années. Bien sûr, l'écosystème du marché est susceptible de changer, mais c'est exactement ce qu'il faut souligner. En supposant que les crypto-monnaies atteignent une adoption massive et deviennent une partie intégrante de tous les aspects de l'argent, des affaires et de la vie en général, *elles devront se stabiliser* à un moment donné. Ce sera peut-être en 2021, 2023 ou 2030. Il s'effondrera probablement et augmentera plusieurs fois avant de se stabiliser dans un marché un peu moins volatil, du moins par rapport à ce qu'il était auparavant.

Personne n'aurait, n'aurait dû, n'aurait pu

Cette règle est tirée d'un trader boursier populaire et légendaire et animateur de l'émission *Mad Money*, Jim Cramer. Ce concept s'applique à tous les investissements, sans parler de tous les domaines de la vie, et est lié à la règle #31. L'idée est représentée par « no would have », no « should have » et « no could have ». Cela signifie que si vous faites une mauvaise transaction, prenez quelques minutes pour réfléchir à la façon dont vous pouvez en tirer des leçons et vous améliorer. Ensuite, après ces quelques minutes, ne pensez pas à ce que vous auriez fait, à ce que vous *auriez dû* faire ou à ce que vous *auriez pu* faire. Cela vous permettra d'apprendre et de vous améliorer tout en maintenant votre santé mentale, car, en fin de compte, vous auriez toujours pu faire mieux. Ne vous culpabilisez pas à propos des défaites et ne laissez pas les victoires vous monter à la tête.

Ne soyez pas émotif

L'émotion est l'antithèse du trading technique. Le trading technique fonde l'action actuelle et future sur des données historiques et, malheureusement, le marché ne se soucie pas de ce que vous ressentez.

L'émotion, le plus souvent, (« pas » simplement en raison de l'occurrence aléatoire de prendre une bonne décision par le biais d'un mauvais processus) ne fera que vous blesser et nuire aux stratégies de trading que vous avez développées. Certaines personnes sont naturellement à l'aise avec le risque et les montagnes russes émotionnelles du trading ; Si ce n'est pas le cas, vous pouvez envisager d'en apprendre davantage sur la psychologie du trading (car la compréhension des émotions est un prédécesseur de l'acceptation, de la rationalité et du contrôle) et de vous donner simplement du temps. L'analyse fondamentale et le trading à moyen et long terme nécessitent toujours tout cela, mais dans une moindre mesure.

Diversifier

La diversification permet de contrer le risque. Et, comme nous le savons, les crypto-monnaies sont risquées. Bien que toute personne investissant dans les crypto-monnaies assume et recherche probablement un certain niveau de risque (en raison du principe de compromis risque-rendement), vous avez (probablement) un certain niveau de risque avec lequel vous n'êtes pas à l'aise. La diversification vous aide à rester dans les limites de cette charge de risque maximale. Bien que je ne puisse pas parler de votre situation unique, je recommanderais à tout investisseur en crypto-monnaies de maintenir un portefeuille quelque peu diversifié, peu importe à quel point vous croyez en un projet. L'allocation des fonds doit (généralement) être répartie entre les alternatives au Bitcoin, à l'Etherium ou à l'ETH (telles que Cardano, BNB, etc.) et divers altcoins, ainsi qu'un peu de liquidités. Bien que les pourcentages exacts varient en fonction de la situation individuelle (35/25/30/10, 60/25/10/5, 20/20/40/20, etc.), la plupart des professionnels s'accordent à dire qu'il s'agit de la façon la plus durable d'investir, de réaliser des gains sur le marché et de réduire les risques de perdre un pourcentage important de votre portefeuille en raison d'une ou de quelques décisions erronées. Cependant, cela dit, certains investisseurs ne placent de l'argent que dans une ou deux crypto-monnaies du top 50 et placent la majorité de leur argent dans des altcoins à petite capitalisation. En fin de compte, établissez une stratégie qui correspond à votre situation, à vos ressources et à votre personnalité, puis diversifiez-vous dans les limites de cette stratégie.

Le prix n'a pas d'importance

Le prix n'a pas d'importance puisque l'offre et le prix initial peuvent tous deux être fixés. Ce n'est pas parce que Binance Coin (BNB) est à 500 $ et Ripple (XRP) à 1,80 $ que XRP vaut 277x BNB ; En fait, les deux pièces se situent actuellement à moins de 10 % de la capitalisation boursière de l'autre. Lorsqu'une crypto-monnaie est créée pour la première fois, l'offre est définie par l'équipe derrière l'actif ; L'équipe peut choisir de créer 1 trillion de pièces, ou 10 millions. Ainsi, en regardant XRP et BNB, nous pouvons voir que Ripple a environ 45 milliards de pièces en circulation et Binance Coin en a 150 millions. De cette façon, le prix n'a pas vraiment d'importance. Une pièce à 0,0003 $ peut valoir plus qu'une pièce à 10 000 $ en termes de capitalisation boursière, d'offre en circulation, de volume, d'utilisateurs, d'utilité, etc. Le prix est encore moins important en raison des fractions d'actions, qui permettent aux investisseurs d'investir n'importe quelle somme d'argent dans une pièce ou un jeton, quel que soit le prix. De nombreux autres paramètres sont beaucoup plus importants et doivent être pris en compte bien avant le prix. Cela dit, les prix peuvent influer sur l'évolution des prix en raison de la psychologie. Par exemple, le bitcoin a une forte résistance à 50 000 $ et une grande partie de cette résistance peut provenir du fait que 50 000 $ est un beau nombre rond auquel de nombreuses personnes passeraient des ordres d'achat et de vente. Dans des situations comme celle-ci et d'autres, la psychologie est une partie viable de l'action des prix et, par conséquent, de l'analyse.

Le bitcoin a-t-il une valeur intrinsèque ?

Non, le bitcoin n'a pas de valeur intrinsèque. Rien dans le bitcoin n'exige qu'il ait de la valeur ; Au contraire, la valeur est générée par l'utilisateur. Cependant, selon une telle définition, toutes les monnaies du monde qui ne sont pas adossées à un étalon-or ou à un étalon-argent n'ont pas non plus de valeur intrinsèque (autre que l'utilisation matérielle, qui est insignifiante). Donc, dans un sens, toute monnaie n'a un certain degré de valeur que parce que nous sommes d'accord qu'elle en a, et tous les arguments contre ou pour l'utilisation du Bitcoin en raison de son manque de valeur intrinsèque doivent également être appliqués aux monnaies fiduciaires.

Le bitcoin est-il taxé ?

Comme le dit le dicton, nous ne pouvons pas éviter les impôts, et une telle idée s'applique certainement à la crypto-monnaie malgré la nature apparemment anonyme et non réglementée de l'industrie. Pour obtenir les informations les plus précises, vous devez consulter le site Web de votre organisation de collecte des impôts pour en savoir plus sur la taxe sur les devises numériques dans votre pays. Cela dit, les informations suivantes mettent en lumière les règles établies par les États-Unis :

En 2014, l'IRS a déclaré que les monnaies virtuelles sont des biens et non des monnaies.

• Si des crypto-monnaies sont reçues en paiement de biens ou de services, la juste valeur marchande (en USD) doit être imposée en tant que revenu.

Si vous détenez une pièce ou un jeton pendant plus d'un an, il est classé comme un gain à long terme, et si vous l'avez acheté et vendu dans l'année, il s'agit d'un gain à court terme. Les gains à court terme sont soumis à des impôts plus élevés que les gains à long terme.

• Les revenus provenant du minage de monnaies virtuelles sont considérés comme des revenus de travail indépendant (en supposant que la personne concernée n'est pas un employé) et sont soumis à l'impôt sur le travail indépendant selon la juste valeur équivalente des monnaies numériques en USD. Jusqu'à 3 000 $ de pertes peuvent être comptabilisées.

• Lorsque des monnaies numériques sont vendues, les bénéfices ou les pertes sont soumis à l'impôt sur les plus-values (puisque les monnaies numériques sont considérées comme des biens) tout comme si une action était vendue.

Le bitcoin se négocie-t-il 24 heures sur 24 et 7 jours sur 7 ?

Bitcoin fonctionne 24 heures sur 24, 7 jours sur 7. Cela est dû en grande partie au fait qu'il est destiné à être utilisé dans le monde entier, comme un outil véritablement intercontinental, et compte tenu des fuseaux horaires, tout ce qui n'est pas un fonctionnement 24 heures sur 24 et 7 jours sur 7 ne répondrait pas à ces critères. Il n'y a tout simplement aucune incitation à ne pas le faire.

Le bitcoin utilise-t-il des combustibles fossiles ?

Oui, Bitcoin utilise des champs fossiles. En fait, de nombreuses centrales électriques à combustibles fossiles ont trouvé une nouvelle vie en fournissant l'énergie nécessaire au minage de crypto-monnaies. Bitcoin utilise à peu près autant d'énergie qu'un petit pays uniquement par le biais d'exigences informatiques, ce qui équivaut à environ 0,55 % de la production mondiale d'électricité. De toute évidence, les utilisateurs et les mineurs de Bitcoin ne veulent pas utiliser de combustibles fossiles et une transition vers des sources d'énergie renouvelables est un objectif majeur, mais on pourrait en dire autant de la conduite de voitures à essence et de la multitude d'autres activités quotidiennes qui consomment plus de combustibles fossiles que Bitcoin. Le problème est vraiment une question d'opinion ; ceux qui considèrent le bitcoin comme une force pionnière dans le monde qui aide les gens dans des écosystèmes financiers instables et permet une plus grande sécurité et confidentialité dans les transactions ne seront pas préoccupés par une consommation mondiale d'énergie de 0,55 % (surtout compte tenu de la promesse d'une transition à long terme vers une énergie propre), tandis que ceux qui considèrent le bitcoin comme sans valeur ou comme une arnaque sont susceptibles de ressentir exactement le contraire. Il convient de noter que certaines alternatives aux crypto-monnaies sont beaucoup moins intensives en carbone que Bitcoin (Cardano, ADA), neutres en carbone (Bitgreen, BITG) ou négatives en carbone (eGold, EGLD).

Le bitcoin atteindra-t-il 100k ?

Le bitcoin est susceptible d'atteindre 100 000 $ par pièce. Cela ne veut pas dire que cela arrivera bientôt, ou que c'est une chose sûre ; Les données sur la nature déflationniste du bitcoin, les rendements historiques, les tendances d'adoption (si cela vous intéresse, recherchez la courbe en « S » de la technologie) et l'inflation fiduciaire rendent probable une augmentation du prix à 100 000 $. La question importante n'est pas de savoir s'il atteindra 100 000 $, mais quand il atteindra 100 000 $. La plupart de ces estimations sont, au mieux, des spéculations éclairées.

Le bitcoin atteindra-t-il 1 million ?

Contrairement à 100 000 dollars, le bitcoin atteignant 1 million de dollars nécessite une échelle sérieuse. Le PDG d'eToro, Iqbal Grandha, a déclaré que le bitcoin ne réalisera pas son potentiel tant qu'il ne vaudra pas 1 million de dollars par pièce, car à ce moment-là, chaque Satoshi (qui est la plus petite division dans laquelle le bitcoin peut être divisé) vaudrait 1 cent. Compte tenu des économies d'échelle et du potentiel d'adoption massive à l'échelle mondiale (dans ce cas, Bitcoin agirait comme une monnaie de réserve universelle), il est possible que le prix atteigne 1 million de dollars. Cependant, une autre crypto-monnaie pourrait tout aussi bien prendre cette place, ainsi que des stablecoins ou des monnaies numériques soutenus par le gouvernement. En combinaison, il convient de noter que les monnaies fiduciaires sont inflationnistes et que le bitcoin est déflationniste. Cette dynamique des prix rend 1 million de dollars beaucoup plus probable à long terme. En fin de compte, cependant, personne ne sait ce qui devrait se passer, et une évaluation de 1 million de dollars par pièce reste spéculative.

Le bitcoin continuera-t-il à monter aussi vite ?

Non. C'est littéralement impossible. Le bitcoin a rapporté aux investisseurs près de 200 %[26] par an au cours des 10 dernières années, ce qui correspond à un rendement de 5,2 millions de pour cent au cours de la décennie. Compte tenu de la capitalisation boursière du bitcoin au moment de la rédaction de cet article, une augmentation composée soutenue de 200 % dépasserait l'ensemble de la masse monétaire mondiale dans 4 à 5 ans. Ainsi, bien qu'il soit tout à fait possible que le bitcoin continue d'augmenter, le taux de croissance actuel est extrêmement insoutenable. À long terme, la croissance doit s'aplatir et la volatilité devrait diminuer.

---

[26] 196,7 %, selon les calculs de CaseBitcoin

Qu'est-ce qu'un fork Bitcoin ?

Un fork est l'occurrence d'une nouvelle blockchain créée à partir d'une autre blockchain. Bitcoin a connu 105 forks, dont le plus important est l'actuel Bitcoin Cash. Les forks se produisent lorsqu'un algorithme est divisé en deux versions différentes. Il existe deux types de fourches. Un hard fork est un fork qui se produit lorsque tous les nœuds du réseau passent à une version plus récente de la blockchain et laissent l'ancienne version derrière eux ; Deux chemins sont alors créés : la nouvelle version et l'ancienne version. Un soft fork s'oppose à cela en rendant l'ancien réseau invalide ; Il n'en résulte qu'une seule blockchain.

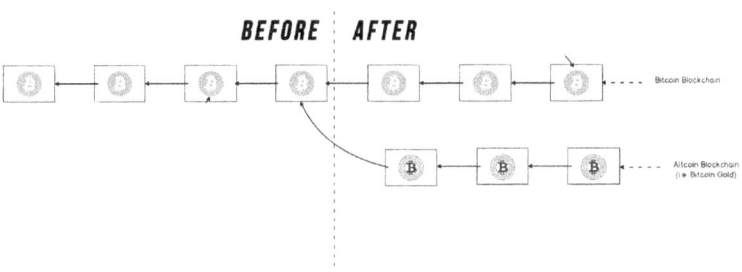

[27]

---

[27] D'après une image d'Egidio.casati, CC BY-SA 4.0 <https://creativecommons.org/licenses/by-sa/4.0>

Pourquoi le bitcoin fluctue-t-il ?

Comme pour le marché boursier, les prix montent et descendent en fonction de l'offre et de la demande. L'offre et la demande, à leur tour, sont affectées par le coût de production d'un bitcoin sur la blockchain, les actualités, les concurrents, la gouvernance interne et les baleines (grands détenteurs). Pour plus d'informations sur les raisons pour lesquelles le bitcoin est aussi volatil qu'il l'est, veuillez vous référer à la multitude d'autres questions sur le sujet.

Comment fonctionnent les portefeuilles Bitcoin ?

Un portefeuille de crypto-monnaies est l'interface utilisée pour gérer les avoirs en crypto-monnaies. Le portefeuille Coinbase et Exodus sont des portefeuilles courants. Un compte, quant à lui, est une paire de clés publiques et privées à partir desquelles vous pouvez contrôler vos fonds, qui sont stockés sur la blockchain. En termes simples, les portefeuilles sont des comptes qui stockent vos avoirs pour vous, tout comme une banque.

[28] Matthäus Wander / CC BY-SA 3.0)

*Les portefeuilles ne contiennent pas de pièces. Les portefeuilles contiennent des paires de clés privées et publiques, qui permettent d'accéder aux avoirs.

Le bitcoin fonctionne-t-il dans tous les pays ?

Bitcoin est un réseau décentralisé d'ordinateurs ; Toutes les adresses sont imblocables et donc accessibles partout avec une connexion web. Dans les pays où le bitcoin est illégal (dont les plus importants sont la Chine et la Russie), tout ce que le gouvernement peut faire est de sévir contre l'infrastructure (en particulier les fermes de minage) et l'utilisation du bitcoin. Dans des pays comme la Russie, le bitcoin n'est pas réellement réglementé, mais l'utilisation du bitcoin comme moyen de paiement pour des biens et des services est illégale. La plupart des autres pays suivent ce modèle, car, encore une fois, il est impossible de bloquer le bitcoin lui-même. En fait, Hester Peirce, de la SEC, a déclaré que « les gouvernements seraient stupides d'interdire le bitcoin ». Compte tenu de cela, on peut conclure que Bitcoin fonctionne dans tous les pays, bien que dans quelques-uns, il soit illégal de posséder ou d'utiliser la pièce.

Combien de personnes ont des bitcoins ?

La meilleure estimation[29] place actuellement le nombre de détenteurs dans le monde à environ 100 millions, ce qui représente environ 1 adulte sur 55. Cela dit, le nombre réel est inconnaissable, étant donné la nature anonyme des réseaux cryptographiques. On peut dire que la croissance du nombre d'utilisateurs est à deux chiffres, que Bitcoin a plusieurs centaines de milliers de transactions par jour, que 2+ milliards de personnes ont entendu parler de Bitcoin et qu'il existe environ un demi-milliard d'adresses Bitcoin au total.

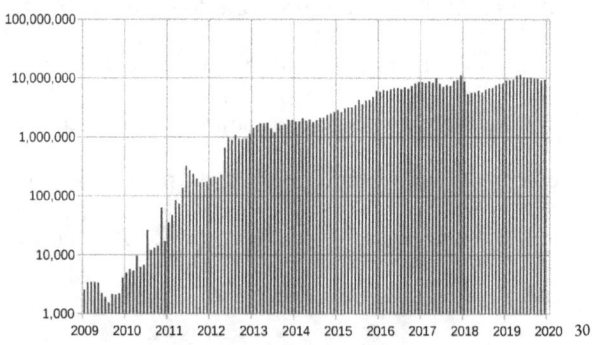

*Nombre de transactions Bitcoin par mois, en 2020.

---

[29] buybitcoinworldwide.com
[30] Ladislav Mecir / CC BY-SA 4.0

Qui a le plus de bitcoins ?

Le mystérieux fondateur de Bitcoin, Satoshi Nakamoto, possède le plus de Bitcoin. Il détient 1,1 million de BTC sur plusieurs portefeuilles, ce qui lui donne une valeur nette de plusieurs dizaines de milliards. Si les bitcoins atteignaient 180 000 dollars, Satoshi Nakamoto deviendrait la personne la plus riche de la planète. Après Satoshi Nakamoto, les jumeaux Winklevoss et divers organismes d'application de la loi sont les plus gros détenteurs (le FBI est devenu l'un des plus grands détenteurs de bitcoins après avoir saisi les actifs de la Route de la Soie, un marché Internet fermé en 2013).

Pouvez-vous échanger des bitcoins avec des algorithmes ?

Pour répondre à cette question, je vais inclure un extrait d'un autre de mes livres sur l'analyse technique des crypto-monnaies. Il couvre toutes les bases et occupe plus que quelques pages, donc si vous cherchez une réponse courte, je dirai que vous pouvez, mais c'est difficile.

Le trading algorithmique est l'art de faire en sorte qu'un ordinateur vous rapporte de l'argent. Ou, du moins, c'est l'objectif. Les traders d'algo, comme le dit l'argot, tentent d'identifier un ensemble de règles qui, si elles sont utilisées comme base pour négocier, génèrent un profit. Lorsque ces règles sont choisies et déclenchées, le code exécute un ordre. Par exemple : supposons que vous aimiez trader avec des croisements de moyennes mobiles exponentielles (EMA). Chaque fois que vous voyez l'EMA de 12 jours de Bitcoin dépasser l'EMA de 50 jours, vous investissez 0,01 bitcoin. Ensuite, vous vendez généralement lorsque vous avez réalisé un bénéfice de 5 % ou, si cela ne fonctionne pas, vous réduisez vos pertes à 5 %. Il serait très facile de convertir cette stratégie de trading préférée en règles de trading algorithmique. Vous coderiez un algorithme qui suivrait toutes les données de Bitcoin, investiriez vos 0,01 bitcoin pendant votre croisement EMA préféré, puis vendriez à un profit de 5 % ou à une perte de 5 %. Cet algorithme fonctionnerait pour vous pendant que vous dormez, pendant que vous mangez, littéralement 24 heures sur 24 et 7 jours sur 7 ou pendant une heure que vous avez définie. Puisqu'il ne se négocie exactement que comme vous l'avez défini ; Vous êtes très à l'aise avec le risque. Même si l'algorithme ne fonctionne que 51 transactions sur 100, vous réalisez techniquement un profit et vous pouvez simplement continuer indéfiniment sans travailler. Ou bien, vous pouvez consulter plus de données et améliorer votre algorithme pour qu'il fonctionne 55/100 fois, ou 70/100. Dix ans plus tard, vous êtes maintenant un multimilliardaire qui gagne de l'argent chaque seconde de chaque jour tout en sirotant un jus tropical sur une plage ensoleillée.

Malheureusement, ce n'est pas si facile, mais c'est le concept du trading algorithmique. L'aspect hypothétique vraiment intéressant du trading avec une machine est que le plafond de revenu est pratiquement illimité (ou, à tout le moins, immensément évolutif). Considérez le tableau suivant. Il s'agit d'une visualisation d'un algorithme qui négocie 200 fois par jour si certaines conditions sont remplies. L'algorithme quittera la position soit avec un profit de 5 %, soit avec une perte de 5 %, comme dans l'exemple ci-dessus. Supposons que vous donniez 10 000 $ à l'algorithme pour travailler et que 100 % du portefeuille soit investi dans chaque transaction. Le rouge signifie une transaction non rentable (une perte de 5 %) et le vert signifie une bonne transaction, un gain de 5 %.

Selon le graphique, cet algorithme n'est correct que dans 51 % des cas. À cette infime majorité, un investissement de 10 000 $ deviendrait 11 025 $ en une seule journée, 186 791,86 $ en 30 jours et, après une année complète de négociation, le résultat serait de 29 389 237 672 608 055 000 $. Cela représente 29 quintillions de dollars, soit environ 783 fois la valeur totale de chaque dollar américain en circulation. De toute évidence, cela ne fonctionnerait pas. Cependant, supposons maintenant que l'algorithme, avec les mêmes règles, effectue une transaction rentable dans seulement 50,1 % des cas, ce qui signifie 1 transaction rentable supplémentaire sur 1 000. Après 1 an, cet algorithme transformerait 10 000 $ en 14 400 $. Après 10 ans, un peu moins de 400 000 $, et après 50 ans, 835 437 561 881,32 $. Cela représente 835 milliards de dollars (vérifiez-le par vous-même avec le calculateur d'intérêts composés de Moneychimp)

Cela semble assez facile. Il suffit d'utiliser des données historiques pour tester des algorithmes jusqu'à ce que vous en trouviez un qui soit rentable à au moins 50,1 %, obtenez 10 000 $ et vos enfants deviendront des milliardaires. Malheureusement, cela ne fonctionne pas, et voici quelques-uns des défis auxquels sont confrontés les traders algorithmiques :

Erreurs

Le défi le plus évident est celui de la création d'un algorithme sans erreur. De nos jours, de nombreux services rendent le processus beaucoup plus facile et ne nécessitent pas autant d'expérience en codage, mais certains nécessitent encore un certain niveau de capacité de codage et le reste un certain degré de connaissances techniques. Comme vous pouvez l'imaginer, tout faux pas dans la création d'un algorithme peut entraîner la fin de la partie.* C'est pourquoi vous ne devriez probablement pas le coder vous-même, à moins que vous ne sachiez réellement coder, auquel cas vous devriez probablement toujours consulter un ami !

Données imprévisibles

Tout comme pour l'analyse technique dans son ensemble, l'attente que les modèles historiques soient susceptibles de se répéter est le fondement sur lequel repose le trading algorithmique. Les événements de type cygne noir* et les facteurs imprévisibles, tels que les actualités, les crises mondiales, les rapports trimestriels, etc., peuvent tous perturber un algorithme et rendre une stratégie précédente non rentable.

Manque d'adaptabilité

Le défi des données imprévisibles s'accompagne d'une incapacité à s'adapter aux circonstances compte tenu des nouvelles données contextuelles. De cette façon, des mises à jour manuelles peuvent être nécessaires. La solution à ce problème est évidemment l'IA qui apprend, améliore et teste, mais c'est loin d'être la réalité et, si cela fonctionnait, ce ne serait probablement pas très bon pour le marché, puisque quelques acteurs influents pourraient simplement la monétiser pour leur propre usage (étant donné qu'il s'agirait d'une machine à imprimer de l'argent) ou la partager avec tout le monde. Dans ce cas, le défi de l'autodestruction (ci-dessous) s'applique.

Glissement, volatilité et crash éclair.

Étant donné que les algorithmes jouent selon des règles établies, ils peuvent être « trompés » par la volatilité et rendus non rentables par le slippage. Par exemple, un petit altcoin peut bondir de plusieurs pour cent, que ce soit à la hausse ou à la baisse, en quelques secondes. Un algorithme peut voir le prix atteindre l'ordre de vente à cours limité et déclencher une liquidation, même si le prix remonte simplement au prix précédent ou à un prix supérieur.

Autodestruction

Dans l'hypothèse d'une IA intelligente qui trierait toutes les données disponibles, identifierait les meilleurs algorithmes de trading possibles, les mettrait en pratique et s'adapterait aux circonstances, plusieurs de ces IA éradiqueraient leurs propres stratégies de trading. Par exemple : disons qu'il existe 1 million de ces IA (en réalité, beaucoup plus de personnes que cela l'utiliseraient si elle devenait disponible à l'achat). Toutes les IA découvriraient immédiatement le meilleur algorithme et commenceraient à trader dessus. Si cela se produisait, l'afflux de volume qui en résulterait rendrait la stratégie inutile. Le même scénario se produit aujourd'hui, mais sans l'IA. Les très bonnes stratégies de trading sont susceptibles d'être découvertes par plusieurs personnes, puis utilisées et partagées jusqu'à ce qu'elles ne soient plus rentables ou aussi rentables qu'elles l'étaient autrefois. De cette façon, de très bonnes stratégies et de très bons algorithmes entravent leur propre progression.

Ce sont donc les défis qui empêchent le trading algorithmique d'être une machine parfaite, avec une semaine de travail de 4 heures, induisant des vacances tropicales et une machine à imprimer de l'argent. Cela dit, les algorithmes peuvent certainement encore être rentables. De nombreuses grandes entreprises et entreprises basent leurs activités uniquement sur des algorithmes de trading rentables. Ainsi, bien que les bots de trading ne doivent pas être considérés comme de l'argent facile, ils doivent être considérés comme une discipline qui peut être maîtrisée si suffisamment de temps et d'efforts sont fournis. Voici quelques points saillants du trading algorithmique et comment vous pouvez commencer :

Backtesting (en anglais)

Étant donné que les algorithmes prennent une certaine entrée et réagissent en conséquence, les traders d'algo peuvent tester leurs algorithmes par rapport aux données historiques. Par exemple, si l'on reprend les exemples précédents, si le trader X veut créer un algorithme qui se négocie sur les croisements EMA, le trader X pourrait tester l'algorithme en l'exécutant chaque année où l'ensemble du marché existe. Les rendements seraient ensuite tracés et, grâce à des tests fractionnés, le trader X pourrait trouver une formule qui a fait ses preuves dans l'histoire sans jamais avoir mis d'argent sur la table. De cette façon, vous pouvez tester vos propres algorithmes et jouer avec différentes variables pour voir comment elles affectent les rendements globaux. Pour expérimenter la création et l'utilisation d'un algorithme de trading, consultez ces sites Web :

Contrôle des risques

Le backtesting est un excellent moyen d'atténuer les risques. La meilleure alternative consiste à utiliser de manière disciplinée et étudiée les stop loss et les stop-loss suiveurs. Ces deux outils sont détaillés dans la section sur la gestion des risques.

Simplicité

De nombreuses personnes ont des concepts de trading algorithmique qui nécessitent un code complexe et multicouche qui implique plusieurs, voire une douzaine ou plus, d'indicateurs, de modèles ou d'oscillateurs. Bien que les inconnues ne puissent pas être prises en compte, la plupart des algorithmes efficaces utilisés par les professionnels et les non-professionnels sont étonnamment peu complexes. La plupart impliquent un indicateur, ou peut-être la combinaison de deux. Je vous suggère de suivre cette voie établie si vous vous lancez dans le trading algorithmique, mais, cela dit, si vous découvrez un algorithme extrêmement complexe et supérieur, je serai le premier à m'inscrire !

*Crédit : Livre, Analyse technique crypto

Comment le bitcoin affectera-t-il l'avenir ?

Bitcoin a été le premier cas d'utilisation réussi à grande échelle de la blockchain ; la question de savoir comment la blockchain affectera l'avenir est une question beaucoup plus large que celle de l'impact potentiel de Bitcoin, dont une grande partie a déjà été couverte. Voici les domaines dans lesquels la blockchain (et par extension, le Bitcoin) aura ou a un effet majeur :

- Gestion de la chaîne d'approvisionnement.
- Gestion de la logistique.
- Gestion sécurisée des données.
- Paiements transfrontaliers et moyens de transaction.
- Suivi des redevances des artistes.
- Stockage et partage sécurisés des données médicales.
- Places de marché NFT.
- Mécanismes de vote et sécurité.
- Propriété vérifiable d'un bien immobilier.
- Marché de l'immobilier.
- Rapprochement des factures et résolution des litiges.
- Billetterie.

- Garanties financières.
- Efforts de reprise après sinistre.
- Mise en relation des fournisseurs et des distributeurs.
- Traçage de l'origine.
- Vote par procuration.
- Crypto-monnaie.
- Preuve d'assurance / polices d'assurance.
- Dossiers de santé / Données personnelles.
- Accès au capital.
- Finance décentralisée
- Identité numérique
- Efficacité des processus et de la logistique
- Vérification des données
- Traitement des sinistres (assurances).
- Protection de la propriété intellectuelle.
- Numérisation des actifs et des instruments financiers.
- Réduction de la corruption financière gouvernementale.
- Jeux en ligne.
- Prêts syndiqués.
- Et plus encore !

Le bitcoin est-il l'avenir de l'argent ?

La question de savoir si le bitcoin lui-même est « l'avenir de l'argent » relève de la spéculation ; la vraie question est de savoir si la technologie derrière Bitcoin et les systèmes que Bitcoin encourage sont l'avenir de l'argent. Si c'est le cas, investir dans la crypto-monnaie dans son ensemble, ainsi que dans le bitcoin (bien que le potentiel de croissance en % du bitcoin soit limité par rapport aux petites pièces compte tenu du volume d'argent qu'il contient déjà) est un très bon pari.

La principale technologie qui alimente Bitcoin est la blockchain, et le système global que Bitcoin encourage est celui de la décentralisation. Ces deux domaines sont en pleine expansion dans une multitude de cas d'utilisation en expansion et chacun a le potentiel d'affecter tous les aspects de la vie, des paiements au travail en passant par le vote. Pour citer Capgemini Engineering, « elle [la blockchain] améliore considérablement la sûreté et la sécurité dans les secteurs de la finance, de la santé, de la chaîne d'approvisionnement, des logiciels et du gouvernement ». Parmi les entreprises qui utilisent la technologie blockchain, citons Amazon (via AWS), BMW (dans la logistique), Citigroup (dans la finance), Facebook (via la création de sa propre crypto-monnaie), General Electric (chaîne d'approvisionnement), Google (avec BigQuery), IBM, JPmorgan, Microsoft, Mastercard,

Nasdaq, Nestléé, Samsung, Square, Tenent, T-Mobile, les Nations Unies, Vanguard, Walmart, etc.[31] L'élargissement de la clientèle et des produits alimentés par ou centrés sur la blockchain signalent la poursuite de la blockchain dans un aspect central des services Internet et hors ligne. Avec tout cela à l'esprit, Bitcoin ne se limite pas à avoir un impact sur les crypto-monnaies, mais il peut et va probablement inaugurer une ère de blockchain. En ce qui concerne le bitcoin en tant qu'avenir de l'argent et des paiements, la question importante est de savoir comment les gouvernements réagissent à la menace du bitcoin et des crypto-monnaies. Certains, comme la Chine, pourraient développer leurs propres monnaies numériques. Certains, comme le Salvador, pourraient faire du bitcoin une monnaie légale. D'autres encore peuvent ignorer les crypto-monnaies ou les interdire. Quelle que soit la manière dont les gouvernements réagissent, le fait qu'ils soient forcés de réagir signifie que Bitcoin a été le produit phare qui, d'une manière ou d'une autre, modifiera complètement le paysage financier du monde grâce à l'application réussie d'actifs numériques et basés sur la blockchain.

---

[31] D'après les recherches de Forbes.

Combien de personnes sont des milliardaires du bitcoin ?

Il est difficile de savoir combien de milliardaires existent dans l'espace crypto ou même simplement au sein du réseau cryptographique, car les avoirs sont souvent répartis sur plusieurs comptes. Cependant, à l'exclusion des échanges, il y a vingt adresses Bitcoin détenant l'équivalent de 1 milliard de dollars ou plus, et quatre-vingts adresses Bitcoin détenant l'équivalent de 500 millions de dollars ou plus.[32] Ce nombre peut facilement fluctuer, car de nombreux portefeuilles d'une valeur de 500 millions de dollars à 1 milliard de dollars peuvent dépasser 1 milliard de dollars en fonction de la fluctuation du bitcoin, et comme mentionné, les détenteurs qui ont vendu des bitcoins ou divisé le montant de leurs avoirs en plusieurs portefeuilles ne sont pas inclus. Cela dit, on peut dire sans risque de se tromper qu'au moins deux douzaines de comptes, et au moins une douzaine de personnes, ont gagné plus d'un milliard de dollars en investissant dans Bitcoin. Des dizaines d'autres ont gagné des centaines de millions ou des milliards en investissant dans d'autres crypto-monnaies.

---

[32] « Top 100 des adresses Bitcoin les plus riches et .... »
https://bitinfocharts.com/top-100-richest-bitcoin-addresses.html.

Existe-t-il des milliardaires secrets du Bitcoin ?

Satoshi Nakamoto est l'exemple parfait d'un milliardaire secret et anonyme du Bitcoin. Dans la question ci-dessus (combien de personnes sont des milliardaires du bitcoin ?), nous sommes arrivés à la conclusion qu'au moins 1 douzaine de personnes ont gagné un milliard de dollars en investissant dans le bitcoin. Compte tenu de ce nombre, et du fait que le nombre de milliardaires populaires du bitcoin peut être compté sur les doigts d'une main (les individus, à l'exclusion des entreprises), il est probable que quelques détenteurs de bitcoins dans le monde sont des milliardaires du bitcoin qui sont restés à l'écart des feux de la rampe. Avec cette pensée à l'esprit, vous avez peut-être, à un moment donné, vaqué à vos occupations et croisé le chemin d'un milliardaire secret du Bitcoin.

Le bitcoin atteindra-t-il l'adoption par le grand public ?

C'est une question intéressante. Actuellement, environ 1 % de la population mondiale utilise Bitcoin, bien que ce chiffre s'écarte jusqu'à 20 % dans des endroits comme l'Amérique, et jusqu'à 0 % dans d'autres parties du monde. Pour qu'une crypto-monnaie atteigne le grand public et l'adoption de masse, elle doit servir une sorte d'utilité. En général, les crypto-monnaies ont une utilité en tant que réserve de valeur ; une méthode de transaction, ou comme un cadre pour construire des réseaux et des organisations décentralisées. Le bitcoin est de loin la crypto-monnaie la plus importante et la plus précieuse, mais ce n'est pas vraiment la meilleure crypto-monnaie dans aucune de ces catégories. Ainsi, bien que Bitcoin soit Bitcoin (un peu comme vous pourriez acheter une montre moins chère qu'une Rolex qui s'adapte mieux et est plus belle, mais vous allez toujours avec Rolex) et que la marque Bitcoin l'a et l'emmènera loin, il est peu probable qu'elle soit le leader permanent des crypto-monnaies dans le monde. Cela dit, compte tenu de sa valeur de marque et de son échelle, il pourrait certainement atteindre une adoption massive et grand public, compte tenu des tendances d'utilisation actuelles et des cas d'utilisation dans l'espace des crypto-monnaies.

Le bitcoin sera-t-il repris par d'autres crypto-monnaies ?

Je me référerai à la question ci-dessus pour répondre à cette question. Bitcoin, bien qu'il soit massif en termes d'échelle et de marque, n'est en fait pas le meilleur dans l'espace cryptographique. Ce n'est pas la meilleure réserve de valeur, ce n'est pas la meilleure pour envoyer et recevoir de l'argent, et ce n'est pas le meilleur cadre et réseau pour les utilisateurs de crypto-monnaies. Ainsi, à court terme, compte tenu de la marque pure de Bitcoin et de sa monstrueuse capitalisation boursière de 1 000 milliards de dollars, il est peu probable qu'il soit racheté. Cependant, d'ici des décennies ou des siècles, il est plus que probable qu'il soit dépassé par d'autres crypto-monnaies, car la valeur qui l'alimente se désintègre.

Le bitcoin peut-il passer du PoW au PoW ?

Oui, Bitcoin peut certainement changer d'un système PoW (proof-of-work). Ethereum a démarré sur PoW et devrait passer au PoS (proof-of-stake) fin 2021. Le changement rendra Ethereum beaucoup moins énergivore et plus évolutif. Une transition comme celle-ci est certainement possible pour Bitcoin et beaucoup considèrent qu'un abandon du PoW est inévitable.

Le bitcoin a-t-il été la toute première crypto-monnaie ?

Le tristement célèbre livre blanc Bitcoin de Satoshi Nakamoto a été publié en 2008, et Bitcoin lui-même a été publié en 2009. Ces événements sont connus pour être les premiers de leur genre respectif ; Ce n'est que partiellement vrai.

À la fin des années 1980, un groupe de développeurs aux Pays-Bas a tenté de lier l'argent aux cartes pour empêcher le vol d'argent endémique. Les camionneurs utilisaient ces cartes au lieu de l'argent comptant ; C'est peut-être le premier exemple de monnaie électronique.

À peu près à la même époque que l'expérience des Pays-Bas, le cryptographe américain David Chaum a conceptualisé une monnaie transférable et privée basée sur des jetons. Il a développé sa « formule aveuglante » pour être utilisée dans le cryptage, et a fondé la société DigiCash, qui a fait faillite en 1988.

Dans les années 1990, de nombreuses entreprises ont tenté de réussir là où DigiCash n'avait pas réussi ; le plus populaire d'entre eux était

PayPal d'Elon Musk. PayPal a introduit des paiements P2P faciles en ligne et a entraîné la création d'une société appelée e-gold, qui offrait un crédit en ligne en échange de précieuses médailles (e-gold a ensuite été fermé par le gouvernement). De plus, en 1991, les chercheurs Stuart Haber et W. Scoot Stornetta ont décrit la technologie blockchain. Plusieurs années plus tard, en 1997, le projet Hashcash a utilisé un algorithme de preuve de travail pour générer et distribuer de nouvelles pièces, et de nombreuses fonctionnalités se sont retrouvées dans le protocole Bitcoin. Un an plus tard, le développeur Wei Dai (qui a donné son nom à la plus petite dénomination d'Ether, un Wei) a introduit l'idée d'un « système de paiement électronique anonyme et distribué » appelé B-money. B-money était destiné à fournir un réseau décentralisé à travers lequel les utilisateurs pouvaient envoyer et recevoir de la monnaie ; Malheureusement, il n'a jamais vu le jour. Peu de temps après la publication du livre blanc sur B-money, Nick Szabo a lancé un projet appelé Bit Gold, qui fonctionnait sur un système complet de preuve de travail (PoW). Bit gold, en fait, est relativement similaire à Bitcoin. Tous ces projets et des dizaines d'autres ont finalement abouti à Bitcoin ; pour cette raison, on ne peut pas dire que Bitcoin a été le véritable premier dans de nombreux concepts et technologies qui l'alimentent. Cela dit, Bitcoin est absolument et sans aucun doute le premier succès à grande échelle de toutes les technologies qui l'alimentent ; toutes les entreprises et tous les projets avant Bitcoin avaient échoué, mais Bitcoin s'est hissé au-dessus des autres et a initié un changement mondial massif vers les technologies et les concepts sur lesquels il s'est appuyé.

Le bitcoin sera-t-il et pourra-t-il être plus qu'une alternative à l'or ?

Le bitcoin est déjà « plus » qu'une alternative à l'or ; Il alimente et permet un réseau transactionnel mondial avec beaucoup moins de friction que l'or. Cependant, le bitcoin est beaucoup plus comparable à l'or dans le fait que les deux sont considérés comme des réserves de valeur et un moyen de transaction. À cet égard, le bitcoin ne sera probablement jamais plus qu'une alternative à l'or, car l'alternative au sein de la crypto-monnaie devient une technologie et une plate-forme comme Ethereum, qui permet aux utilisateurs de tirer parti de son langage de programmation, appelé solidité, pour créer des dApps. Le bitcoin n'est tout simplement pas destiné à faire quelque chose comme ça, et bien qu'il ait certainement plus d'utilité que l'or, il est en quelque sorte coulé dans le rôle d'un « or numérique ».

Quelle est la latence de Bitcoin et est-elle importante ?

La latence est le délai entre le moment où une transaction est soumise et le moment où le réseau reconnaît la transaction. Fondamentalement, la latence est le décalage. La latence de Bitcoin est très élevée de par sa conception (par rapport aux 5 à 10 secondes de la télévision) afin de produire un nouveau bloc toutes les dix minutes. La réduction de la latence nécessiterait essentiellement moins de travail pour vérifier les blocs, ce qui va à l'encontre de l'éthique du PoW. Pour cette raison, la latence de Bitcoin ne devrait pas être réduite. Cela dit, la latence de trading est un problème pour les exchanges et les traders sur les exchanges (en particulier les traders d'arbitrage) ; Au fur et à mesure que le HFT (trading à haute fréquence) et le trading algorithmique se déplacent sur le marché des crypto-monnaies, la latence prendra de plus en plus d'importance.

---

[33] Source : blockchain.com

Quelles sont les théories du complot sur le bitcoin ?

Bitcoin (et en particulier Satoshi Nakamoto) est un environnement propice aux théories du complot ; Juste pour le plaisir, nous allons jeter un coup d'œil à quelques-uns. Considérez ce qui suit comme complètement fictif, comme le sont la plupart des théories du complot, et aucune n'est crédible :

1. *Bitcoin pourrait avoir été créé par la NSA ou une autre agence de renseignement américaine.* Il s'agit probablement de la conspiration Bitcoin la plus répandue ; il affirme que Bitcoin a été créé par le gouvernement américain et qu'il n'est pas aussi privé que nous le pensons. Au lieu de cela, la NSA a apparemment un accès dérobé à l'algorithme SHA-256 et utilise cet accès pour espionner les utilisateurs.

2. *Bitcoin pourrait être une IA.* Cette théorie stipule que Bitcoin est une IA qui utilise son motif économique pour inciter les utilisateurs à développer son réseau. Certains pensent qu'une agence gouvernementale a créé l'IA.

3. *Bitcoin aurait pu être créé par quatre grandes entreprises asiatiques.* Cette théorie est entièrement basée sur le fait que le « sa » de Samsung, le « toshi » de Toshiba, le « naka » de

Nakamichi et la « moto » de Motorola, en combinaison, forment le nom du mystérieux fondateur de Bitcoin, Satoshi Nakamoto. Des preuves assez solides pour celui-ci.

Pourquoi la plupart des autres pièces suivent-elles souvent le bitcoin ?

Le bitcoin est essentiellement la monnaie de réserve pour les crypto-monnaies, ou similaire au Dow et au S&P pour le marché boursier. Environ 50 % de la valeur du marché des crypto-monnaies repose uniquement sur le bitcoin, et le bitcoin est la crypto-monnaie la plus utilisée et la plus connue au monde. Pour ces raisons, les paires de trading Bitcoin sont la paire la plus utilisée pour acheter des Altcoins, ce qui lie la valeur de toutes les autres crypto-monnaies au Bitcoin. La baisse du bitcoin entraîne moins d'argent investi dans les altcoins, tandis que la hausse du bitcoin entraîne une augmentation de l'argent investi dans les altcoins. Pour ces raisons, la plupart (pas toutes) des pièces suivent souvent (pas toujours) les tendances générales haussières/baissières du Bitcoin.

Qu'est-ce que Bitcoin Cash ?

Comme mentionné précédemment, Bitcoin a un problème d'échelle : le réseau n'est tout simplement pas assez rapide pour gérer les grandes quantités de transactions présentes dans une situation d'adoption mondiale. À la lumière de cela, un collectif de mineurs et de développeurs de bitcoins a lancé un hard fork de Bitcoin en 2017. La nouvelle monnaie, appelée Bitcoin Cash (BCH), a augmenté la taille du bloc (à 32 Mo en 2018), permettant ainsi au réseau de traiter plus de transactions que Bitcoin, et plus rapidement. Bien que BCH ne soit pas prêt à remplacer ou à se rapprocher du Bitcoin, il s'agit d'une alternative qui a résolu un problème majeur, et la question de savoir comment le Bitcoin original s'y prendra pour résoudre le même problème reste à résoudre.

[34]

---

[34] Georgstmk / CC BY-SA 4.0

Comment le bitcoin se comportera-t-il en cas de récession ?

Le bitcoin a de grandes chances de bien performer en période de récession, bien que ce ne soit pas une réponse concluante ; Le bitcoin est né de la crise immobilière de 2008, mais n'a pas encore connu de ralentissement économique durable et majeur depuis lors (le COVID ne compte pas). À bien des égards, le bitcoin sert d'équivalent numérique à l'or, et l'or s'est historiquement bien comporté pendant les récessions (notamment de 2007 à 2012), et la rareté et la nature décentralisée du bitcoin pourraient en faire un investissement refuge en période de récession, qui ne serait pas soumis au contrôle des gouvernements sur les monnaies fiduciaires et le système monétaire inflationniste du monde. Il convient également de noter que le bitcoin a historiquement augmenté lors de crises à plus petite échelle : le Brexit, la crise du Congrès de 2013 et le COVID. Ainsi, comme nous l'avons déjà affirmé, le bitcoin se comportera probablement bien pendant une récession (à moins qu'une récession ne devienne si grave que les gens n'aient tout simplement pas d'argent à investir, auquel cas le bitcoin, ainsi que tous les actifs, ont peu de chances de connaître autre chose que le rouge). Quoi qu'il en soit, en cas de récession, la plupart des crypto-monnaies autres que le Bitcoin (en particulier les petits altcoins) subiront certainement des pertes massives ; La plupart seront pratiquement rayés de la carte. Un tel scénario serait un événement de filtrage massif pour les altcoins, ce qui est très sain pour l'ensemble du marché.

Le bitcoin peut-il survivre à long terme ?

Ce qu'il faut considérer, c'est dans quelle mesure le bitcoin survivra à long terme ; et dans quelle mesure l'adoption et l'utilisation augmenteront. Quoi qu'il en soit, Bitcoin existera à une certaine échelle au cours des prochaines décennies ; les chances qu'il dure à grande échelle pendant les prochains siècles sont improbables compte tenu de la nouvelle concurrence et des alternatives au Bitcoin. Pourtant, il pourrait certainement rester la première crypto-monnaie tant que les crypto-monnaies existeront (surtout si des mises à niveau, telles que le réseau d'éclairage, sont mises en œuvre) ; La probabilité a priori est basée uniquement sur le fait que la première du genre n'est généralement pas la meilleure de son genre, et que la plupart des monnaies à travers l'histoire ne durent pas (à grande échelle) pendant une partie significative du temps.

Quel est l'objectif final du Bitcoin et des cryptos ?

La vision finale de la crypto-monnaie accomplit ce qui suit :

1. Pour Bitcoin en particulier, il s'agit de permettre aux utilisateurs d'envoyer de l'argent sur Internet de manière sécurisée sans dépendre d'une institution centrale, mais plutôt d'une preuve cryptographique.
2. Éliminez le besoin d'intermédiaires et réduisez les frictions dans les chaînes d'approvisionnement, les banques, l'immobilier, le droit et d'autres domaines.
3. Éliminez les dangers auxquels est confronté l'environnement inflationniste du Far West (en termes de contrôle gouvernemental depuis que les monnaies fiduciaires ont été retirées de l'étalon-or) des monnaies fiduciaires.
4. Offrez un contrôle entièrement sécurisé de vos actifs personnels sans dépendre d'institutions tierces.
5. Activez les solutions blockchain dans les domaines de la médecine, de la logistique, du vote et de la finance, ainsi que partout où de telles solutions peuvent s'appliquer.

Le bitcoin est-il trop cher pour être utilisé comme crypto-monnaie ?

Le prix absolu n'est en grande partie pas pertinent pour les crypto-monnaies (ainsi que pour les actions, comme je l'ai écrit dans d'autres livres). Bien que cette réponse ait été abordée ailleurs dans les règles de trading, je vais récapituler la section pertinente ci-dessous :

Étant donné que l'offre et le prix initial peuvent tous deux être fixés ou modifiés, le prix lui-même n'est en grande partie pas pertinent sans contexte. Ce n'est pas parce que Binance Coin (BNB) est à 500 $ et Ripple (XRP) à 1,80 $ que XRP vaut 277 fois la valeur du BNB ; Les deux pièces se situent actuellement à moins de 10 % de la capitalisation boursière de l'autre. Lorsqu'une crypto-monnaie est créée pour la première fois, l'offre est définie par l'équipe derrière l'actif. L'équipe peut choisir de créer 1 000 milliards de pièces, soit 10 millions. En regardant XRP et BNB, nous pouvons voir que Ripple a environ 45 milliards de pièces en circulation, et Binance Coin en a 150 millions. De cette façon, le prix n'a pas vraiment d'importance. Une pièce à 0,0003 $ peut valoir plus qu'une pièce à 10 000 $ en termes de capitalisation boursière, d'offre en circulation, de volume, d'utilisateurs, d'utilité, etc. Le prix importe encore moins en raison de l'avènement des fractions d'actions, qui permettent aux investisseurs d'investir n'importe quelle somme d'argent dans une pièce ou un jeton, quel que soit le prix. Le seul impact majeur du prix réside dans l'impact psychologique, qui doit être examiné lors du trading de Bitcoin et d'altcoins.

Quelle est la popularité du bitcoin ?

Au moins 1,3 % de la population mondiale possède actuellement des bitcoins, ce qui, compte tenu du demi-milliard d'adresses bitcoin existantes, le rend très populaire. Ce nombre comprend 46 millions d'Américains, soit 14 % de la population et 21 % des adultes,[35] tandis qu'une autre étude a révélé que 5 % des Européens détiennent des bitcoins.[36] Mais ce qui est plus remarquable, c'est le taux

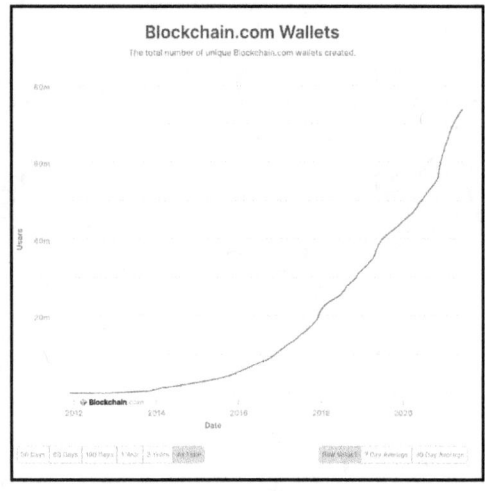

d'accroissement exponentiel. Moins d'un million de portefeuilles Bitcoin existaient en 2014, ce qui représente une augmentation de 75

---

[35] « Statistiques démographiques des États-Unis .... » https://www.infoplease.com/us/census/demographic-statistics.
[36] « • Graphique : Combien de consommateurs possèdent des crypto-monnaies ? | Statista. 20 août 2018, https://www.statista.com/chart/15137/how-many-consumers-own-cryptocurrency/.

fois depuis lors, et un taux de croissance de 10 fois (1 000 %) par an. [37]De telles tendances ne montrent aucun signe d'arrêt, et la croissance, au contraire, ne fait que s'accélérer. Donc, en résumé, Bitcoin est particulièrement populaire et susceptible d'atteindre le point de basculement de l'adoption massive au cours des prochaines décennies.

---

[37] « Blockchain.com. » https://www.blockchain.com/. Consulté le 9 juin 2021.

Livres

- Maîtriser Bitcoin – Andreas M. Antonopoulos
- L'Internet de l'argent - Andreas M. Antonopoulos
- La norme Bitcoin – Saifedean Ammous
- L'ère de la crypto-monnaie – Paul Vigna
- Or numérique – Nathaniel Popper
- Milliardaires du bitcoin - Ben Mezrich
- Les bases des bitcoins et des blockchains - Antony Lewis
- Révolution de la blockchain - Don Tapscott
- Cryptoactifs - Chris Burniske et Jack Tatar
- L'ère de la crypto-monnaie - Paul Vigna et Michael J. Casey

Échanges

- Binance - binance.com (binance.us pour les résidents des États-Unis)
- Coinbase – coinbase.com
- Kraken – kraken.com
- Crypto – crypto.com
- Gémeaux – gemini.com
- eToro – etoro.com

Podcasts (en anglais)

- Ce que Bitcoin a fait par Peter McCormack (Bitcoin)
- Untold Stories (premières histoires)
- Unchained de Laura Shin (interviews)
- Baselayer par David Nage (discussions)
- The Breakdown de Nathaniel Whittemore (court-métrage)
- Podcast Crypto Campfire (détendu)
- Ivan sur Tech (mises à jour)
- HASHR8 par Whit Gibbs (technique)
- Opinions sans réserve de Ryan Selkis (interviews)

Services d'actualités

- CoinDesk – coindesk.com
- CoinTelegraph – cointelegraph.com
- Aujourd'huiOnChain – todayonchain.com
- ActualitésBTC – newsbtc.com
- Bitcoin Magazine – bitcoinmagazine.com
- Ardoise Crypto – cryptoslate.com
- Bitcoin.com – news.bitcoin.com
- Blockonomi – blockonomi

Services de cartographie

- TradingView – tradingview.com
- CryptoView – cryptoview.com
- Altrady – Altrady.com
- Coïncider – Coinigry.com
- Marchande de pièces de monnaie - Cointrader.pro
- CryptoWatch – Cryptowat.ch

Chaînes YouTube

- Benjamin Cowen

    Hatps://vv.youtube.com/channel/ukrvak-ux-w0soig

- Coin Bureau

    Hatps://vv.youtube.com/c/koinbureyu

- Mouches fortopiques

    https://www.youtube.com/c/Forflies

- DataDash (en anglais seulement)

    Hatps://vv.youtube.com/c/datadash

- Sheldon Evans

Hatps://vv.youtube.com/c/sheldonevan

- Anthony Pompliano

    Hatps://vv.youtube.com/channel/usevspell8knynav-nakz4m2w

- Pierre d'aim

    https://www.youtube.com/channel/UC7S9sRXUBrtF0nKTvLY3fwg/about

- Lark Davis

    Hatps://vv.youtube.com/channel/ucl2okaw8hdar_kbkidd2kalia

- Altcoin Daily

    https://www.youtube.com/channel/UCbLhGKVY-bJPcawebgtNfbw

www.ingramcontent.com/pod-product-compliance
Lightning Source LLC
LaVergne TN
LVHW010326070526
838199LV00065B/5676